A Verdadeira Dimensão da Fé

A Verdadeira Dimensão da Fé

Uma viagem ao mundo de Deus

RUI RAIOL

CPAD

Preparação de Originais: Gleyce Duque
Revisão: Daniele Pereira
Capa, projeto gráfico e editoração: Flamir Ambrósio

CDD: 248 - Vida Cristã
ISBN: 85-263-0758-4

As citações bíblicas foram extraídas da versão Almeida e Corrigida, edição de 1995, da Sociedade Bíblica do Brasil, salvo indicação em contrário.

Para maiores informações sobre livros, revistas, periódicos e os últimos lançamentos da CPAD, visite nosso site: http://www.cpad.com.br

SAC — Serviço de Atendimento ao Cliente: 0800-701-7373

Casa Publicadora das Assembléias de Deus
Caixa Postal 331
20001-970, Rio de Janeiro, RJ, Brasil

1ª edição/2006

Pr. Rubem Carvalho Corrêa
2009

Para Neiva, minha esposa e companheira,
que com muita alegria leu várias vezes este livro
e me fez acreditar que o texto recebera
grande inspiração de Deus.

Apresentação

Eu estava preparando outro livro quando o Espírito de Deus tocou-me a escrever esta obra. Não pude resistir. Primeiro, porque sou apaixonado pelo assunto e, principalmente, porque, em se tratando de fé, não encontraria justificativa plausível a qualquer manifestação de insegurança.

Em minha vida, a fé representa tudo. Desde meus quinze anos sou conduzido por esse maravilhoso caminho e tenho provado grandes milagres da parte de Deus, material e espiritualmente. Não há uma só área de minha existência que não tenha sido alterada de forma radical pelo poder de Deus. Ao Senhor devo tudo que sou e tenho, principalmente a vida, que Ele susteve contrariando todos os médicos.

Sempre fui muito necessitado de Deus, e isso me levou a procurá-lo insistentemente. Como resposta, tenho visto as portas do céu se abrirem diante de meus olhos. Por isso, é impossível não mencionar aqui experiências pessoais.

Este livro propõe-se a comunicar a verdadeira fé. E, nesse caminho, antes de interessar-se por uma graça particular que possa alcançá-lo, a obra esforça-se em apresentar-lhe o verdadeiro motor do milagre: Deus, a quem devemos servir incondicionalmente.

O livro é uma verdadeira viagem ao mundo de Deus. E, como em toda viagem, partimos lentamente.

O primeiro capítulo representa nossa estação de embarque. Esteja paciente nesse começo. As primeiras páginas são uma espécie de instrução de vôo. Vamos ganhar altura gradativamente. Aos poucos, desvendaremos as maravilhas desse caminho desenhado pelo Criador.

Cada capítulo enfoca um modo particular da fé. São instruções seguras sobre o modo de Deus agir e como podemos perceber sua operação e pôr em prática seus conselhos e ordens. A partir da decolagem, você passará a ser governado por leis espirituais, pelo que deve ficar no chão todo conhecimento que você haja apreendido no campo da matéria.

Este livro fala de uma fé prática. Portanto, à medida que verdades da parte de Deus forem sendo reveladas, você deve começar a vivê-las imediatamente. Deixe-se dirigir pela Palavra, então o caminho da fé estará diante de você.

Por fim, quero anunciar-lhe que, a partir de hoje, você passa a fazer parte de minhas intercessões diárias. Adoto essa atitude por entender que certamente você tem uma necessidade especial. Portanto, ainda que nunca nos conheçamos, torno-me agora seu companheiro de oração e comprometo-me — enquanto viver — a apresentar sua vida diante do trono de Deus.

Boa viagem!

Prefácio

Li esta obra com acurado interesse e com a diligência que deve ser peculiar àquele que tem a responsabilidade de prefaciador.

Rui Raiol desponta na galeria dos autores evangélicos não como uma promessa, mas como escritor já consagrado. Sem tibieza, mergulha em um tema que poucos ousaram tratar.

O autor aborda com inteireza de conhecimento um tema sobre o qual muitos têm teorizado, mas bem poucos vivenciaram com tamanha dimensão quanto ele.

Seu livro começa falando da fé como um dom que transcende à percepção dos nossos sentidos, capaz de fazer ver além dos limites estabelecidos pelas barreiras sensoriais. Ele nos leva a entender que só a fé tem o condão imanente que nos faz viajar por um mundo espiritual em uma relação de intimidade com Deus, sem descurar-se de registrar a importância que tem a fé no plano da salvação.

O autor, com argumentos insofismáveis calcados na Palavra de Deus, convence o mais cético leitor de que, para sermos salvos, não existe outra alternativa senão crer. E essa crença não é algo intelectual, academicista e vazio. Acreditar na teologia dos Evangelhos é aceitar como verdadeiras as declarações de Jesus sobre sua pessoa e o testemunho apostólico firmado após sua morte e ressurreição de que Ele é o Senhor e Cristo.

O escritor, com naturalidade, leva o leitor a entender que a fé em seu todo é a confissão de uma vida renovada pela obediência ao Cristo crido e confessado, e nos recorda que a dúvida conspira contra a fé. Disso decorre que diante das impossibilidades humanas só há duas alternativas: crer que é possível ou crer na própria impossibilidade.

Rui Raiol foi desenganado pela ciência médica durante três anos. Sem outra alternativa, o autor creu que Jesus poderia aniquilar a impossibilidade, porque para Deus tudo é possível. Assim, exercendo essa fé inabalável, Jesus o curou. E agora ele nos revela a fórmula: nos momentos de abatimento, sua fé se robustecia ao ler a Palavra de Deus, e seus temores se dissipavam.

O autor nos ensina que a fé é sempre teocêntrica e nunca antropocêntrica. A fé que conquista o impossível não advém de um esforço pessoal. A fé que vence o mundo está centrada em Deus. O autor experimentou que a fé transcende toda e qualquer possibilidade humana, rompendo o mais profundo conhecimento experimental.

O livro fornece ao leitor elementos para mensurar a profundidade de Hebreus 11.1: "A fé é o firme fundamento das coisas que se esperam e a prova das coisas que se não vêem". O cuidadoso leitor vai entender que pela fé o crente aceita como inconteste e real aquilo que mantém-se invisível, seja porque isso está ainda no futuro (esperança), seja porque escapa ao conhecimento empírico em virtude de sua própria natureza. Portanto, pelo exercício da fé é possível ver o invisível e obter o que se esperava, trazendo para o presente, como certo, aquilo que no futuro se encontra.

Macapá, 11 de julho de 2005.

Pr. Oton Miranda de Alencar
Presidente da Assembléia de Deus em Macapá, membro do
Conselho Consultivo Norte da CGADB.

SUMÁRIO

Capítulo 1

Além de nossos sentidos

Já foi comprovado cientificamente que a criança, ainda na vida intra-uterina, possui percepção do mundo exterior. Todo ser humano precisa passar por várias fases de desenvolvimento até atingir a maturidade.

Com o nascimento, nosso ser descobre que mudou drasticamente de lugar. Todas as sensações do antigo abrigo desapareceram. A temperatura, a escuridão e os sons rítmicos do corpo materno foram trocados por um meio completamente estranho, que, de certa forma, precisará ser dominado com urgência.

A partir daí, o mundo é a pura descoberta. Cada instante representará uma lição que queremos e precisamos aprender.

Mergulhados nessa árdua e empolgante missão de conhecer, viveremos a infância com seu mundo de sonhos e fantasias, e entraremos pela juventude. Já adultos, casaremos, teremos uma profissão e, sem poder evitar, ajudaremos outros que estão chegando.

Mas o que nos possibilitou esse amadurecimento? Que instrumento humano nos ligou ao mundo e nos fez conhecer tanta coisa?

Sem sombra de dúvidas, você e eu só alcançamos a fase atual graças aos sentidos naturais. Sim: audição, visão, olfato, paladar e tato. Um intrincado grupo de órgãos ligados ao sistema nervoso central constitui nossa porta de acesso ao mundo e, portanto, é o responsável pela forma como percebemos o que gira à nossa volta.

Observe como agem os recém-nascidos. Eles costumam ficar quietos ouvindo o tilintar dos chocalhos pendurados no berço. Eles aguçam o paladar e o olfato para decidir se tomarão aquele xarope que julgamos indispensável. Mais tarde, descerão do berço e darão início à etapa mais séria. Adoram tocar objetos proibidos e sentir sabores nada convencionais. Quando se puserem em pé, o mundo lhes parecerá um desafio constante.

Assim ocorre conosco: precisamos ver, ouvir, tatear, cheirar e degustar para declararmos a existência das coisas.

Acontece que, dominado por essa força natural de conhecimento e por ignorar sua própria constituição espiritual, o homem comum transformou o mundo aparente no centro de todas as coisas, agarrando-se a essas faculdades como se a matéria representasse a única forma de saber. Em conseqüência, como nosso corpo tem um alcance restrito, essa condição conduz a um mundo igualmente limitado, onde as leis da natureza parecem ser absolutas.

Aí está a ciência com seu método experimental. Querem seus agentes que somente aceitemos como verdade o que pode ser demonstrado num laboratório.

Desde cedo na escola somos ensinados que o universo proveio de uma explosão. Dizem que todos os mundos estiveram reunidos um dia num único núcleo. Então a energia que essa compactação gigantesca produziu foi tornando-se insustentável e, de repente, tudo foi literalmente para o espaço, surgindo os astros celestes. Acreditam que o cosmos seja algo pulsátil, ora em expansão, ora em contração, num eterno ciclo entre matéria e energia.

E sobre nós, seres humanos, e a vida de modo geral, o que nos ensinam? Que depois que um daqueles megapedaços resfriou e deu origem à atmosfera, surgiram as primeiras formas de vida. Num estágio seguinte, teria aparecido o homem, preso a uma cadeia evolutiva.

No campo social, o capitalismo explora demasiadamente os sentidos naturais. Hoje, compramos nem tanto por precisão, mas porque somos seduzidos pelos rótulos e embalagens fabulosos. Os templos do consumismo — como alguém denominou os *shopping centers* — são máquinas de criar necessidades. Nessa corrida comercial, anuncia-se que brevemente nossos aparelhos de TV terão condições de reproduzir os odores de suas imagens.

Então, o que devemos esperar? Como produto de um mundo materialista, parece-nos mesmo que só é verdadeiro o que pode ser demonstrado. Só vale o que está ao alcance de nossos sentidos.

Todavia, sabemos que o ser humano foi criado com uma natureza trina: o corpo, para perceber as sensações físicas; a alma, sede de nossas emoções e pensamentos; e o espírito, porção capaz de comunicar-se com o Criador — nosso lado mais sublime.

Tente imaginar isso num gráfico com três círculos envolventes. A figura mais larga e afastada do centro representa o corpo. É a parte mais externa, onde estão situados os sentidos perceptores da matéria. Na figura média está a alma, que se alimenta das informações que lhe são repassadas pelo corpo. Caminhando um pouco mais para o interior do gráfico, eis um lugar excelente: o nosso espírito.

Embora esteja aqui representado pelo círculo menor, o espírito é o centro. É ele que nos separa do restante da Criação. É o âmago de nossa vida. À medida que caminhamos para esse lugar, distanciamo-nos dos valores deste mundo e passamos a ser governados por leis espirituais. Aqui desaparece o homem comum e entra em cena o homem que acredita na existência de Deus e, portanto, na operação de milagres.

Romanos 8.27 diz: "E aquele que examina os corações sabe qual é a intenção do Espírito; e é ele que segundo Deus intercede pelos santos". É nesse terreno espiritual que se trava uma comunicação perfeita entre Deus e o nosso homem interior. É nesse espaço que podemos desfrutar o privilégio de ser criação especial do Pai. E, como forma mais sublime dessa interação, temos a fé — um verdadeiro canal aberto entre nosso limitado mundo e o mundo extraordinário do Criador.

Além do conhecimento aparente que constitui nossa visão de mundo, herdamos da parte de Deus uma natureza espiritual. Essa natureza é completamente afastada de toda lei física. Enquanto, pelos sentidos naturais, nosso corpo só alcança as coisas da terra, pelo espírito temos condição de provar as maravilhas do Reino de Deus.

Em contrapartida, antes de avançarmos no tema, você já deve estar preparado para compreender que todo conhecimento que foge às leis da razão é reputado absurdo pelo senso comum. Deve saber que, ao lidar com a fé, os referenciais humanos de verdade estão seriamente comprometidos e quase sempre serão ridicularizados na presença de um milagre.

Falo, portanto, de uma crítica que se coloca em relação à fé, uma aversão a qualquer idéia que ignore o mundo visível, sendo que essa crítica nem sempre virá de fora, mas estará em nós mesmos como seguimento do mundo natural. Mas o que é fé?

A fé, como conhecimento de Deus, representa o grau de saber mais elevado que o homem pode desfrutar. Como vimos, sua origem está no campo do espírito, região onde prevalece a natureza divina. Portanto, nada tem a ver com o fechado modelo de sabedoria que herdamos através de nossos sentidos. Se você consegue imaginar um Deus Onipotente, que trouxe à existência todas as coisas a partir do nada, pode então pensar como a fé está livre do mundo material.

Como os cientistas constróem suas teorias astronômicas? Como vimos, especulando a matéria.

Como clonar seres humanos? Da mesma forma: valendo-se de uma porção viva de matéria.

E Deus, quando quis construir tudo o que existe, de que se valeu? Somente de sua autoridade.

De que depósito Ele tirou o mundo? Ele o tirou de sua natureza criadora, de sua própria existência.

Hebreus 11.3 afirma que o cosmos surgiu a partir do invisível. O Senhor deu a ordem, então o universo veio a existir das coisas que não podem ser vistas. Usando de sua autoridade espiritual, Deus ordenou que as coisas existissem, e logo o mundo materializou-se. Assim Ele fará com suas necessidades.

Pela fé, você vê o invisível, toca naquilo que não tem corpo e ouve onde não existe som. O mundo de Deus está muito à frente de qualquer teoria.

Se você quer receber um milagre, o segredo está em desconsiderar tudo à sua volta e mudar o foco de sua visão, deixando de ver o problema pelo ângulo humano — como se a solução viesse pelo seu esforço — e passar a acreditar no poder criativo de Deus.

Por favor, despreze as leis da ciência. Ignore as conclusões humanas acerca de sua necessidade. Ao buscar a fé, você colocou-se acima de tudo isso. Milagre é um ato de Deus em seu Reino espiritual, onde o saber humano não tem significado algum.

A Bíblia diz que Elias foi um homem idêntico a nós, porém acreditou cegamente em Deus. Desprezando as leis da meteorologia, orou, e por três anos e meio não caiu uma gota d'água em Israel. Orou de novo, e por sua palavra a terra recebeu chuva torrencial. Por quê? Porque ele agiu pela fé, isto é, desconsiderou tudo que podia ser conhecido pelo homem comum e firmou sua confiança em Deus.

E Josué, o que fez? Muito mais! Sua fé foi suficiente para fazer a Terra parar de girar por quase um dia inteiro. Como conseqüência, o sol e a lua cessaram seu movimento aparente diário. Ficaram estáticos enquanto Israel prevalecia contra seus inimigos.

O que diria a ciência sobre isso?

"Impossível!!!", gritariam os cientistas em coro, pois, segundo as imutáveis leis da Física, é mesmo impossível alterar o curso do planeta, sem que o mundo mergulhe num verdadeiro cataclismo. É impossível impedir que a atmosfera desenvolva seu ciclo normal. Mas a fé pode desarrumar tudo isso. Como?

É simples: Deus, quem fez todas as coisas, mantém domínio sobre sua criação. Ele não está sujeito às leis que criou para nossa sobrevivência. Como Criador, Ele pode mexer com o mundo. Foi isso que Jesus demonstrou. Ele bradou contra tempestades, chamou mortos em decomposição e deu visão a cegos de nascença.

E os cientistas?

Eles continuam sem entender por que a seca repentina de Israel foi cortada por uma tempestade igualmente imprevista.

Anos atrás, alguns deles, estudando a idade da Terra, descobriram que falta um dia na história de nosso planeta. Foi quando um, crente apanhou a Bíblia e mostrou-lhes que isso aconteceu porque Josué orou cerca de 1400 a.C.

Em nenhum momento a fé é dependente de nossos sentidos. Sua natureza é transcendental, isto é, representa uma quebra de toda e qualquer lei natural. É aí que a ciência entra em crise. Enquanto para os homens só vale o que pode ser provado, a fé é capaz de produzir resultados extraordinários em situações consideradas absurdas.

Quando cremos, saímos do mundo preso às leis físicas da matéria e caminhamos para a infinitude daquEle que nos criou. A fé obedece a leis espirituais.

Este é o primeiro conhecimento que devemos ter acerca da fé: sua natureza é sobrenatural. A partir dessa premissa, você deve rejeitar todo e qualquer referencial humano sobre o milagre que você está buscando.

Esqueça seus olhos acurados. Ignore o que outros dizem sobre sua necessidade. Seus sentidos pertencem a outro campo de saber, situado muito abaixo do lugar onde os milagres acontecem. A fé é uma porção divina que o Senhor pôs em nós.

Ao contrário dos demais seres, fomos criados à imagem e semelhança de Deus. Certamente isso não tem aspecto físico. Essa semelhança diz respeito à condição espiritual em que fomos gerados no Éden. Ao animar nosso corpo, o Senhor nos transmitiu uma parte de sua existência.

Segundo o escritor de Hebreus, "a fé é o firme fundamento das coisas que se esperam e a prova das coisas que não se vêem".

Logo de início, veja que a Bíblia começa chamando de "coisas" aquilo que ainda não existe para os sentidos.

Sabemos que, conceitualmente, "coisa" significa algo de natureza corpórea, ou, pelo menos, perceptível no plano material, ou seja, tudo quanto possa ser detectado por nosso mundo cognitivo. Tudo quanto nossa mente tenha possibilidade de entender o significado, seja som, seja gosto, seja tato.

Então, a Bíblia não apresenta a fé como uma expectativa vaga. Não se trata de uma tentativa, de uma possibilidade, como às vezes entendemos. A fé é o único instrumento capaz de trazer à existência o que não é percebido no mundo material.

"A fé é o firme fundamento das coisas que se esperam" e, ao contrário do que às vezes imaginamos, "... é a *prova* das coisas que não se vêem" (grifo do autor).

Note como os conceitos de Deus se chocam com nosso mundo limitado.

Enquanto esperamos receber alguma coisa e, a partir daí, valermo-nos do milagre para demonstrar a eficácia da fé, Deus nos desafia a crer primeiro, e fazer dessa crença a prova daquilo que ainda não vemos.

Noutras palavras, não é preciso valer-me de meus sentidos naturais para provar a realidade dos milagres. Estes existem à medida que eu acredito em Deus. Assim, pela fé, você pode declarar como real algo que, materialmente, ainda não pode ser experimentado. E você faz isso porque está sob o comando do Reino espiritual de Deus.

Certa mulher sofria muito com o esposo. Alcoólatra, ele constituía um embaraço a uma vida familiar saudável. Mas ela decidiu acreditar em Deus. Crer que aquele homem seria um cristão. E, através da fé, passou a contemplar sua vitória.

Sempre que lhe perguntavam acerca do marido, sua resposta era: "Ele está no quarto, orando".

Todos sabiam que não era verdade. Por essa atitude, ela era criticada e tida como fanática.

Os anos se passavam, e tudo seguia absolutamente igual. Mas raiou um dia diferente para aquela senhora.

Numa tarde, quando mais uma vez lhe indagaram, ela respondeu com a firmeza de sempre: "Venham ver! Eu não disse que ele estava no quarto, orando?"

Quando os curiosos adentraram o aposento, encontraram ali um homem ajoelhado aos pés de Cristo. Era uma nova criatura.

Certamente, o que apartava essa mulher de seus interlocutores era a visão de mundo. Como aquelas pessoas permaneciam guiadas pelos sentidos naturais, só podiam acreditar no que viam. Logo, se aquele bêbado podia ser encontrado num botequim, era impossível que ao mesmo tempo estivesse orando em casa.

Contudo, a mulher não pensava assim. Não obstante tivesse razões de sobra para acreditar no que via, por meio da fé, ela enxergava outra realidade, justamente a realidade de Deus. Ela desprezava o que parecia racional e correto, para crer numa verdade que só existia no Reino sobrenatural. Por que agia assim?

Decerto porque entendia que o poder de Deus está acima de nosso limitado mundo sensitivo, e, por assim dizer, via através dos olhos de Deus.

Essa é a primeira lei da fé.

A única forma de você contemplar um milagre é crer com firmeza que Deus vai realizá-lo. Isso significa não se abalar com a aparência das coisas. Crer é uma atitude determinada. Você decide crer e, a partir dessa hora, deve se manter firme, como quem vê o invisível.

Olhe os arranha-céus. Eles estão de pé porque foram construídos sobre uma base firme. Doutra sorte, cairão, apesar da beleza que possam ostentar.

Assim acontece conosco: para vermos maravilhas da parte de Deus, é preciso que nossa fé esteja inabalável, acima das opiniões, acima de nossas possibilidades.

O que é fé? É confiança em Deus, como já dissemos.

Por sua vez, o que é *confiar em Deus?* É crer que Ele é poderoso para solucionar o que nos atormenta. Isto é simples e ao mesmo tempo profundo. Simples, porque Deus está sempre pronto a atender quem confia nEle. Profundo, porque essa confiança não pode ser exercida de qualquer modo.

Confiar no Senhor é crer nEle na condição de DEUS. É confiar em alguém que não conhece limites. É despojar-se de todo requisito de ordem material ou pessoal e lançar-se cegamente aos braços do Criador. É atribuir unicamente a Deus o que lhe é devido, isto é, glória, poder e autoridade.

Você pode escolher em que deseja acreditar. Se sua intenção é continuar crendo nas coisas comuns da vida, não precisa fazer nada, basta seguir a rotina do dia-a-dia. Porém, se está decidido a crer em Deus — que é Espírito — você deve pôr de lado a visão corriqueira de mundo e ver as coisas pelos olhos da fé. Como esta representa outra dimensão de conhecimento, à semelhança do exemplo acima, você passará a acreditar em coisas que ainda não existem sob o ângulo da matéria. Então o milagre virá.

No plano espiritual de Deus não há tempo nem espaço. Por isso a Palavra afirma que para Ele um milênio equivale a único dia de nossa existência, de modo que, ao lançarmos mão da fé, precisamos deixar a expectativa deste mundo limitado e nos mover na eternidade de Deus. Assim, como o milagre nasce na natureza espiritual de Deus, é correto acreditar que o mesmo existe bem antes que tenhamos qualquer necessidade.

Quando Jesus mandou o cego lavar-se no tanque de Siloé a fim de que pudesse enxergar, o Senhor já o havia curado. O milagre só dependia da obediência do cego. Enquanto o homem palmilhava seu último caminho de escuridão, agora com os olhos untados com terra e cuspe, para Deus não havia mais cegueira. Desde a ordem para que o homem procurasse a fonte de Siloé, o milagre já havia se realizado.

Se você está necessitado de um milagre, pense apenas nas coisas que são de cima. Não fique dividido entre o que você percebe à sua volta e o que o Senhor pode realizar. Creia nEle acima de qualquer expectativa.

Não importa o tempo em que você é afligido. Não importa se os homens já decretaram o seu fim. Você está fora desse comando. Levante-se, e ponha à sua frente a bandeira da fé. Ainda há uma saída. A última palavra está com Deus. E quando Ele levanta a sua voz até os mortos ressuscitam.

Balanced scorecard

Estudos motivados pela crença segundo a qual os métodos de mensuração existentes em 1990, apoiados em informações financeiras e contábeis, indicaram que tais métodos estavam se tornando obsoletos. Os líderes desses estudos — Kaplan e Norton — verificaram que alguns casos mostravam a utilização de um *scorecard* corporativo que continha, além de várias medidas financeiras tradicionais, outras medidas de desempenho relativas a prazos de entrega ao cliente, qualidade e ciclo de processos de produção, e eficácia no desenvolvimento de novos produtos. Ampliando-se tais medidas, chegou-se ao que foi então chamado *balanced scorecard*. Essa técnica inovadora na gestão do desempenho das organizações baseia-se nas estratégias da empresa, traduzindo-as em indicadores de desempenho (*key performance indicators*), viabilizando a utilização de indicadores financeiros e não-financeiros num conjunto abrangente e sistematizado. É uma técnica que integra as ações derivadas da estratégia, dando-lhes consistência e permitindo medir o desempenho organizacional sob quatro perspectivas distintas: financeira, do cliente, dos processos internos da empresa e do aprendizado e crescimento.

As quatro perspectivas de desempenho compreendem indicadores como:

- finanças — lucro, crescimento e composição da receita, redução de custos, melhoria da produtividade, utilização dos ativos, estratégia de investimentos;
- clientes — participação no mercado, retenção de clientes, aquisição de novos clientes, satisfação dos clientes, rentabilidade dos clientes, qualidade do produto, relacionamento com clientes, imagem e reputação;
- processos internos — inovação (desenvolvimento de novos produtos e processos), operação (produção, distribuição,

vendas), serviços pós-venda (assistência técnica, atendimento a solicitações do cliente);

- aprendizado e crescimento — desenvolvimento de competências da equipe, infra-estrutura tecnológica, cultura organizacional e clima para ação.

O *balanced scorecard* deve ser concebido/definido para cada empresa de acordo com sua estratégia. Ele se constitui num instrumento para gerenciar sua implementação, visto que as variáveis são mensuráveis, permitindo que os gestores se preocupem com a relação entre causa e efeito das diversas ações. Seus benefícios são também realçados na etapa de controle da execução das ações estratégicas. Os planos de longo prazo deverão ser detalhados em planos de curto prazo, assunto do próximo item.

Horizonte de curto prazo

A integração do plano a longo prazo com os planos de curto prazo (anuais), operacionais e financeiros, torna o processo de planejamento consistente com os objetivos da empresa. O planejamento anual de uma empresa é o resultado do conjunto de metas estabelecidas para um determinado período e decorrente dos objetivos fixados pela administração. Esse conjunto dá origem a importantes instrumentos de ação gerencial: plano de negócios ou orçamento. A palavra "orçamento" é usada, então, para descrever o plano global de operações de uma empresa em termos quantitativos, em unidades físicas de volume das operações e em unidades monetárias para avaliação do desempenho financeiro. É de fundamental importância observar que os diversos orçamentos de uma empresa são interdependentes.

Quanto ao horizonte temporal abrangido pelo orçamento, devemos realçar duas dimensões: a abordagem por projeto, que prioriza a visão de cada projeto independentemente do fato de o mesmo vir a extrapolar vários períodos; e a abordagem por planos periódicos que, inversamente, prioriza a análise do conjunto de projetos no período considerado normalmente limitado ao calendário civil (Welsch, 1993). Este livro prioriza a abordagem por planos periódicos que, no caso do processo orçamentário, estão limitados a um horizonte de prazo mais curto.

Os propósitos do orçamento devem determinar seu período de abrangência, sendo mais freqüente o equivalente a um ano dividido em meses e/ou trimestres, segundo Horngren, Foster e Datar (2000:127). Esses autores ressaltam, ainda, que o mundo dos negócios usa cada vez mais os orçamentos contínuos, isto é, a adição de um mês ao período orçado em substituição ao mês encerrado, mantendo-se constantemente disponíveis informações orçamentárias para um período de 12 meses à frente.

Anthony e Govindarajan (2002) também diferenciam o processo de preparação em planejamento estratégico, concentrado nas atividades que se estendem por um período de vários anos; e elaboração de projeções, concentrada num só ano. O planejamento estratégico precede a elaboração do orçamento e proporciona a estrutura na qual este se apóia, estabelecendo, assim, uma relação íntima entre os planos de longo prazo e os de curto prazo, havendo mesmo um grau de dependência do último com o primeiro. Nesse sentido, o orçamento é a fatia correspondente ao primeiro ano do período considerado nos planos estratégicos de uma organização, embora o processo da elaboração do orçamento seja mais do que o simples corte dessa fatia. Esse período à frente compreende a natureza do orçamento, assunto do próximo item.

Natureza do orçamento

Os sistemas orçamentários são uma das ferramentas mais utilizadas pelas empresas para planejamento e controle e fazem com que os administradores olhem para frente, colocando-os numa melhor posição para aproveitar as oportunidades. "Um orçamento é a expressão quantitativa de um plano de ação futuro da administração para um determinado período. Ele pode abranger aspectos financeiros e não-financeiros e funciona como um projeto para a companhia seguir no período vindouro" (Horngren, Foster e Datar, 2000:125).

Garrison e Noreen (2001) definem orçamento como um plano detalhado da aquisição e do uso de recursos, financeiros ou de outra natureza, durante um período especificado. Esses autores afirmam também que orçamento representa um plano para o futuro expresso em termos quantitativos.

Dessas afirmações e comentários depreendemos que a prática orçamentária é uma importante ferramenta no auxílio à gestão dos negócios, que consiste na formalização sistemática e quantitativa dos planos empresariais (objetivos, metas, estratégias etc.) e permite o controle do desempenho da empresa e de seus gestores por meio da comparação das atividades (ou resultados) orçadas com as realizadas.

Assim, orçamento é um plano de atividades futuras, uma antevisão do que deverá ocorrer no âmbito dos objetivos gerais da organização, constituindo-se em um programa-compromisso do que se pretende realizar e das metas a serem atingidas, fornecendo bases para aferir o desempenho. Corresponde a um programa geral para a empresa, que expressa uma declaração dos planos orgânicos para um determinado período, que cada responsável compromete-se a cumprir. Com base nessas afirmativas, a seguir descreveremos as finalidades e as vantagens do orçamento.

Finalidades e vantagens dos orçamentos

O planejamento ajuda a coordenar e harmonizar os esforços e as ações das pessoas de diferentes áreas da empresa, além

Capítulo 2

Somos salvos pela fé

O que lhe parece mais fácil: ser salvo ou receber um milagre físico?

Se respondeu que a salvação é a alternativa mais simples, não se preocupe, você não está sozinho. Grande parte dos cristãos ainda não parou para refletir acerca da profundidade da fé que abraçamos. Pouco se debate sobre os fundamentos da salvação. Vamos rever?

Primeiramente, quando aceitamos a Cristo afirmamos de uma vez por todas a existência de Deus e de seu Reino. Embora simples para alguns, sem essa base não pode haver salvação individual.

Você sabia que muitos doutores deste mundo gostariam de ter esse conhecimento, mas simplesmente não podem? Eles assimilaram tantas teorias que acabaram perdendo a sensibilidade para reconhecer que existe um Deus no céu. Muitos intelectuais vivem sufocados com tanta ideologia que trocariam seus sacrificados diplomas por essa simplicidade que você teve ao receber Jesus como Salvador.

Certo amigo, tratando sobre as perdas que teve com a faculdade, expressou-se assim: "Quando aqui cheguei, era pobre, mas acreditava em Deus. Agora, ao deixar a universidade, não aprendi nada, e sou ateu". Exageros à parte, essa declaração reflete a condição de muitos intelectuais.

Ao decidir-se por Cristo, você abriu mão de todas suas próprias idéias. Autonegou-se. Você fez isso porque acredita que há um Deus, que, além de nos criar, traçou um plano redentor para nos levar ao céu. E o que mais?

Com seu gesto, você creditou verdadeira a Palavra de Deus. Reconheceu que o universo foi criado pelas mãos do Senhor. Acredita que o ser humano é obra divina e, por conseqüência, declarou falsas todas as teorias sobre a origem do mundo e seus habitantes.

Mais que isso: você acredita que Jesus foi gerado através do Espírito Santo sem nenhuma participação humana. Crê em todos os milagres que o Senhor realizou. Está convicto de que o Salvador ressuscitou da sepultura e, depois de estar quarenta dias com os discípulos, subiu aos céus. Só isso? Não!

Quando aceitou a Cristo, você passou a crer que o Pai enviou o Espírito Santo no dia de Pentecostes. Acredita que Jesus virá novamente. Está certo de que haverá uma ressurreição e que você, se não participar desse evento, receberá um corpo glorioso e será arrebatado para encontrar-se com o Senhor. Tem mais? Sim. Leia o que vai suceder ao arrebatamento. Você terá, pelo menos, um milênio de grandes acontecimentos até entrarmos no estado de perfeição.

Se eu lhe perguntasse se tem certeza que está salvo, você me responderia que aceitou isso através da fé. Talvez citasse o que Paulo escreveu aos Efésios. E estaria certo, pois, examinando a Palavra, vemos que toda promessa de vida eterna tem essa condição.

Muito embora não seja errado isolar a fé salvadora de outras manifestações de nossa crença, em sua substância, não há diferença. Tudo é fé. Tudo provém de Deus e a Ele é dirigido. Tudo depende de nossa disposição em aceitar a onipotência divina. A fé que salva é a mesma que opera milagres.

Parece-me que a dificuldade que alguns encontram nessa junção tem origem nos diversos resultados que a fé produz.

Para muitos, salvação é algo demais espiritualizado, bem diferente de um milagre físico. Então, como não se vê a salvação, fica fácil aceitá-la através da fé. Além disso, muitos vêem a salvação como coisa futura, a ser resolvida após a morte, enquanto o milagre é quase sempre uma situação de emergência. Por essa causa, parece-nos mais fácil estarmos salvos, mas é o contrário.

Se você crê na salvação e entregou seu coração a Deus, então você possui o maior grau de fé. Sua visão de mundo foi mudada por completo a partir do novo nascimento. Você possui a mesma fé dos primeiros cristãos e deve estar disposto a morrer por amor a Jesus.

Atente para os mártires anônimos que sorriam enquanto as feras do circo romano os devoram. Veja os apóstolos. Praticamente todos padeceram o suplício. Paulo foi decapitado no cárcere. Lucas, enforcado numa oliveira. André morreu atravessado por uma lança. Bartolomeu teve toda a pele do corpo retirada por ordem de um rei ímpio. Tiago, o menor, foi arremessado do Templo em Jerusalém e, sobrevivendo, foi morto a pauladas.

Olhe os pré-reformistas: Jerônimo Savonarola, João Huss e John Wycliffe. Estes, como milhares de outros homens de Deus, foram um dia espetáculo de terror ao "santo" Vaticano. Foram queimados vivos, serrados ao meio, apedrejados, grelhados, ou sofreram outras mortes terríveis, como a empalação (introdução de uma estaca numa pessoa através do ânus, deixando-a assim até morrer). Tudo isso porque rejeitaram as tradições pagãs introduzidas na igreja, para seguirem unicamente a Jesus e sua Palavra.

Já chega? Leia "Torturado por Amor a Cristo", do pastor Richard Wurmbrand, e veja o que o governo comunista promoveu na Romênia no século passado.

O que você faz quando sente dor de dente? Sorri? Canta? Dificilmente. Entretanto, é maravilhoso saber que esses mártires, além do sofrimento, tinham outra coisa em comum: eles louvavam a Deus durante a agonia e despediam-se deste mundo intercedendo pelos seus carrascos. Eis a maior demonstração de fé!

Ser crente não é uma coisa qualquer, como algumas igrejas estão banalizando. Apesar do rótulo denominacional, uma vez salvos, pertencemos a esse povo considerado a escória do mundo. Você e eu somos a continuação da Igreja sofredora.

Há um capítulo na história da Igreja que ninguém pode apagar porque foi escrito com sangue. Além do indispensável sacrifício de Jesus para que a Igreja atingisse esta geração, milhares de nossos irmãos pagaram com suas próprias vidas a liberdade de que hoje desfrutamos.

Como eles conseguiram? Leia novamente Hebreus 11. Está escrito ali que eles venceram através da fé. Assim como você e eu, renunciaram a si próprios e fizeram de suas vidas uma oferta de sacrifício ao céu. Por isso, estavam dispostos a morrer pelo nome de Jesus.

Existem alguns cristãos que imaginam não possuir fé alguma. Por isso, vivem suplicando que outros apresentem-lhes em oração. Todavia, quem já provou o amor de Jesus e nasceu de novo vive ligado ao Salvador através da fé. Tem com Ele um relacionamento pessoal. Apesar de não enxergar nada no plano físico, o cristão não cessa de cultuar a Deus, de levantar-lhe orações, de testificar. Isso é fé.

Uma de nossas falhas mais graves é crer que atingimos o topo da montanha. Muitos púlpitos ensinam que a fé cristã significa o fim da estrada, sendo esse ápice representado pelo dia em que publicamente declaramos o nome de Jesus perante uma igreja.

Todavia, a presença do Senhor em nossa vida permite-nos realizar coisas grandiosas. A salvação apenas abriu a porta. A partir daí, toda sorte de bênçãos espirituais e temporais estão a nosso dispor por meio do sangue do Cordeiro de Deus. O ato público de conversão e todo o significado profundo de espiritualidade que possam representar nossos primeiros dias de fé de modo algum esgotam o que Deus preparou para nós. São apenas os primeiros passos de uma longa jornada, onde o Senhor, de forma crescente, pretende comunicar o seu poder de realizar feitos extraordinários.

Por ignorar essa condição, alguns apóstolos quase morreram afogados no mar. Jesus estava com eles — no mesmo barco — mas eles não compreendiam que, na qualidade de seguidores do Senhor, haviam recebido a visitação de Deus em suas vidas. Uma vez salvos, eles poderiam agir pessoalmente em nome de Jesus. Por meio da fé, poderiam resolver tudo enquanto o Mestre descansava no convés. Quando o Senhor acordasse, certamente receberiam um elogio.

Entretanto, o barco quase foi a pique. Por isso, Jesus repreendeu o mar e a eles também. Foram censurados por terem uma fé muito pequena.

Meu irmão, você recebeu a Jesus em sua vida. Isso quer dizer que Deus veio habitar seu coração através do Espírito Santo. O mesmo Senhor que agiu por ocasião da criação está com você agora. Tudo é possível se você crer.

Biblicamente, a salvação está em primeiro plano. Mas, garantido o perdão de pecados, abre-se a possibilidade de Deus operar outras coisas grandiosas em nossa vida.

Veja o que aconteceu com o paralítico de Cafarnaum (Lc 5.17-26). Com muita dificuldade, ele foi a Jesus implorar saúde, mas esta só veio depois que o Senhor lhe concedeu também a salvação. Depois que o homem recebeu a Jesus como Salvador, estava aberta a possibilidade de um milagre físico, por isso o Mestre disse-lhe: "Levanta-te e anda".

Entretanto, hoje há muitos cristãos que ignoram a Deus. Crêem nEle até o ato de perdão, depois seguem pela vida como uma pessoa comum, completamente alheios à operação sobrenatural de Deus.

Essa forma de pensar não confere com os atos da Igreja Primitiva. Os primeiros crentes não viam o ministério de Jesus como um simples trampolim para o céu. Eles entendiam que haviam recebido o Emanuel, o "Deus conosco". Assim, além de pregarem perdão de pecados, falavam de um Deus vivo e pronto a intervir no mundo. Logo, enfermos eram curados, mortos ressuscitavam e demônios fugiam.

Estar salvo não é o fim da linha, mas o começo de uma viagem com Deus.

Eu oro para que a salvação nunca se torne uma coisa comum em minha vida. Quero continuar sentindo o gosto sobrenatural do Espírito Santo. Quero poder maravilhar-me com o fato da morte e da ressurreição do Senhor. Muitas vezes fico imaginando a cena grandiosa do retorno do Salvador e penso na festa que será o encontro do Noivo com a Igreja. Sei que isso é indispensável a qualquer cristão.

Talvez você não tenha recebido muito de Deus até agora por causa de uma visão distorcida sobre a salvação. Quero lhe dizer que salvação inclui cura física, mental e espiritual. Inclui libertação e restauração de tudo quanto contraria à obra da Criação.

Veja como Jesus trata de modo especial seus apóstolos. Muita coisa que Ele disse e fez o mundo não conheceu. Somente aqueles que gozavam de sua privacidade podiam ter algumas revelações especiais, como no caso da transfiguração no monte (Mt 17.2).

Enquanto caminhavam vendo milagres com a multidão, o Mestre os instruía de modo particular sobre o Calvário, a ressurreição e a vida que teriam depois da ascensão. Por que esse privilégio? Porque eles já haviam recebido pessoalmente o Salvador. Agora, além de conhecerem o plano divino, deveriam receber poder do Espírito Santo no Pentecostes, e dar seguimento à missão do Filho de Deus.

É assim mesmo que o Senhor quer tratar com você. Uma vez salvo e cheio do Espírito, você reúne todas as condições de crer nEle e ver grandes milagres acontecerem em sua vida. Deus já descortinou seus mistérios, e agora você faz parte do grupo daqueles que vivem em contato diário com o Senhor.

Não é difícil você acreditar em Deus para coisas que seguem a salvação. Do mesmo modo como não pode ver o perdão de seus pecados, mas aceita isso por fé, você deve confiar que o Senhor resolverá outras situações.

Sempre que escrevo, fico preocupado com alguns amigos que lerão a obra. Alguns reclamam que o texto é às vezes pesado, cheio de referências bíblicas. Eu tento contornar, dando uma plasticidade à redação, mas não é simples. Reconheço que, principalmente, escrevo este livro a pessoas que tiveram um encontro pessoal com Cristo e sua Palavra. Vidas que já provaram o poder de Deus ou, no mínimo, estejam sedentas por essa descoberta.

É o seu caso. Se é uma nova criatura, você experimentou através da fé o maior milagre do mundo, que é o novo nascimento. Agora, reúne todas as possibilidades de ver Deus operar em outras áreas de sua vida.

Se ainda não tem uma experiência com o Deus vivo, através desse milagre que você busca, Ele pretende revelar-se para você.

Ser salvo é um desafio. Jesus disse que é por esforço que herdamos a vida eterna, pois o caminho é estreito. Porém, você tem vencido até agora. Você está lendo este livro porque tem sede de Deus. Quer estar pronto para o combate. Parabéns! Você tem fé.

Você é salvo pela fé. Não viu a Jesus. Contudo, hoje, passados dois mil anos de seu sacrifício, ainda acredita nEle. Da mesma sorte, você não sabe como o milagre vai acontecer e não vê as mãos de Deus agir. Talvez desconheça os mecanismos da fé. Mas, nada disso impede que você creia no Senhor.

É possível que os médicos já tenham despachado o paciente. Você intercede por alguns que vivem atirados no lamaçal do mundo. Como Deus irá salvá-los? Você não sabe, mas seu papel é crer que Ele vai agir.

Deus trabalha tanto em nossa vida, mas a obra é quase toda interior. Ninguém mede a alegria que sentimos. Ninguém sabe — a menos que revelemos — sobre o modo particular de recebermos a voz do Espírito durante a oração. Ninguém conhece o que o Senhor representa intimamente para você. Mas isso não faz nenhuma diferença. Recebemos tanta unção, tanto poder, tanta força... mas ninguém vê. Por que você espera que seja diferente noutras áreas?

Você quer saber mesmo quando o milagre começa? Quando cremos. Você sabe onde cremos? Em nosso íntimo. Tudo faz parte de um só processo, de um contato entre nós e o Senhor. A fé produz salvação da alma, cura do corpo, libertação, avivamento, vocação. Tudo! Mas, você não vê quase nada.

Não escute a voz do Inimigo. Você tem fé em Deus. Se você crê nas coisas mais extraordinárias de que a Bíblia fala, então pode crer num milagre menor. Você é um privilegiado porque tem provado as coisas mais sublimes da parte de Deus. Sua vida é regida por leis espirituais.

Dessa forma, compreendendo que a experiência do novo nascimento é o maior fenômeno sobrenatural de sua vida, entre na presença de Deus com a mesma fé que você tem nas coisas ligadas à salvação. Relembre diante do Senhor a grandeza de sua crença. Não tenha pressa em deixar o lugar da oração. Nessas horas, permita ao Espírito Santo fazer em seu íntimo um discurso sobre o poder do nosso Deus. Comece a enumerar quantas coisas Ele já tem feito a seu favor. Conte as bênçãos, como diz um de nossos belos hinos, e você há de ver, surpreso, quanto Deus já fez.

Então, quando pelo Espírito você estiver convencido sobre o poder de Deus, apresente-lhe a causa mais embaraçosa de sua vida e, da mesma forma que você crê que Ele é poderoso para perdoar seus pecados — mesmo sem ver o perdão —, creia que sua dificuldade será resolvida. E prepare-se para ver um grande milagre.

Capítulo 3

Crer ou crer

Por incrível que pareça, fé é um dos assuntos que mais causam sofrimento. Existem pessoas que, embora se esforcem, confessam não crer em nada, e por isso julgam nada receber.

É comum encontrarmos na igreja pessoas em conflito por esse motivo. Vivem suspirando pelos cantos do templo. Não cessam de exaltar algum testemunho de fé que conhecem, mas, quando olham para si mesmas, sentem-se o próprio fracasso.

Quero lhe dizer que é praticamente impossível não crermos.

Na verdade, a incredulidade é a fé invertida. Ou seja, quando duvidamos acerca das coisas de Deus é porque cremos em outra possibilidade. Não atentamos muito para isso porque o segundo resultado é sempre desastroso.

Ser incrédulo é desprezar o poder de Deus e acreditar que tudo sairá errado. Ser incrédulo é crer no erro. Parece jogo de palavras, mas não é.

Olhe para o Éden. Veja Deus dando instruções ao primeiro casal. O Criador disse a Adão e Eva que não comessem da árvore do conhecimento do bem e do mal, pois assim procedendo atrairiam condenação (Gn 2.17). Eles apenas ouviram.

Mais tarde, Satanás entra em cena. Seu trabalho é convencer que Deus mentira em suas recomendações e que a suposta desobediência, na verdade, não passava de um passaporte para uma vida igual à do Criador. O que poderia fazer o casal?

Primeiramente, os dois poderiam crer que Deus estava com a razão. Então, com a arma da fé, levantar-se-iam para dizer que, apesar de não poderem ver o futuro, acreditavam que o Criador é verdadeiro. Infelizmente, não foi assim. Eles mudaram o rumo da fé.

Com muito ardil, o Inimigo foi convencendo a mulher. Ponto a ponto, ele foi despojando a verdadeira fé e substituindo-a por uma confiança nas palavras reveladoras que apresentava no jardim. Desse modo, a crença foi mudando de rumo.

Até o passeio solitário, Eva cria em Deus. Porém, agora fora convencida de que a verdade estava do outro lado. Que fez ela, então? Duvidou em seu coração. Passou a questionar a veracidade do conselho divino.

Embora o Gênesis tenha uma narrativa condensada, é provável que a tentação não tenha acontecido de uma hora para outra. Creio que Satanás trabalhou paulatinamente. Foi assim que, dia após dia, a dúvida foi penetrando o coração da mulher.

Por que Satanás usou de artifício? Certamente, não apenas para enganar os dois, mas visando a receber para si mesmo a fé que eles devotavam ao Criador. Como imitador das coisas do Senhor e extremamente presunçoso, o Inimigo trabalha para ocupar o lugar de Deus.

Imagino que em seu mundo interior a mulher passou a visualizar o futuro. Por alguns segundos, pensou na grandeza que herdaria com seu ato: "Ser igual a Deus... Maravilhoso!..." Ela contemplou um séquito de anjos e o som mavioso dos corais celestes. Imaginou-se governando o mundo, livre da dependência divina. Ela previu o poder que teria se passasse a ser como Deus, conhecedora do bem e do mal. Isso lhe deu forças para prosseguir.

Então, quando a dúvida sobre as instruções divinas atingiu seu ponto máximo, operou-se um fenômeno: a mulher passou a crer em sentido oposto, a verdade foi invertida e o Adversário conseguiu desviar para si a confiança que Eva tivera em Deus. A mulher creu nas palavras de Satanás, e a dúvida virou fé.

Transporte isso para seu dia-a-dia e veja como você está lidando com seus problemas. Suas atitudes nessas horas dirão se você crê em Deus ou na própria dificuldade.

Diante de uma questão insolúvel, temos apenas duas possibilidades: crer ou crer. Crer que Deus pode resolver, ou crer que tudo dará errado. Foi esse conhecimento que me dominou durante grave enfermidade.

Não vou avançar o livro, apenas quero lhe dizer que estive desenganado pela medicina durante três anos.

Então se ergueram ao meu lado duas grandes colunas. De um lado, Deus era o Onipotente. Do outro, a doença era invencível. A Bíblia falava-me sobre a grandeza de Deus. Os médicos proclamavam a fatalidade da doença.

Foi aí que descobri que havia duas crenças em jogo. Percebi que podia seguir a Deus, e ignorar o poder da doença, como também podia aceitar a onipotência da enfermidade, e rejeitar a idéia de um Deus Todo-poderoso.

É claro que as coisas não vêm tão arrumadas assim. Como cristão, eu estava mais propenso a crer em Deus, mas sempre me via invadido pela dúvida.

Quando a incredulidade me visitava, só havia em mim pensamentos destrutivos. Eu projetava minha vida até onde a medicina permitia. Eu sabia que não havia cura, então tudo que conhecia sobre a enfermidade se apresentava diante de mim como um deus. Um deus que iria me matar. Nessas horas, eu duvidava do único Senhor. Apesar de ainda confessá-lo com a boca, meu coração estava dominado pelo medo da morte.

É provável que você tenha um "grande problema". E esse é o grande problema para você conseguir vencê-lo pela fé. Somos propensos a medir as coisas segundo nossa ótica. É assim que a crença em Deus desaparece.

Em conseqüência, quando medimos nossas dificuldades, o problema se agiganta, e Deus diminui, numa relação diretamente proporcional. Às vezes, vamos até além da realidade.

Talvez médicos, psicólogos, advogados e até pastores disseram-lhe que seu caso é grave. Não mais que isso. E você? Está conformado com essa conclusão, ou tem pintado ainda mais negro o quadro?

Humanamente, nossa tendência é negativar mais as coisas.

Ainda temos alguns meses de vida garantida pela medicina, mas já falamos como quem vai morrer amanhã. Nosso credor sequer ingressou na justiça contra nós, e já começamos a nos despedir de nosso carro, e — por falta de conhecimento jurídico — até de nossa própria casa. Sabe como se chama isso? Chama-se medo. Insegurança. Chama-se dúvida.

Porém, como temos visto, a fé não pertence a esse estado de coisas. Pode ser que a palavra que você recebeu seja até mais grave do que eu possa imaginar agora. Pode ser que os médicos tenham lhe dito que nem sabem por que você ainda vive, mesmo assim, nada se altera no Reino de Deus. Para Ele, tanto faz você ter um resfriado ou ser vítima da AIDS. O Senhor conserva em suas mãos o poder de curar qualquer enfermidade.

Decidido a crer em Deus, o Espírito Santo lhe conduzirá através de caminhos inimagináveis à razão. Você viverá sob o comando de leis espirituais, perante as quais é nula qualquer sentença humana. Desse modo, antes que o milagre possa ser alcançado pelos sentidos, antes que alguém lhe veja curado ou você mesmo sinta em seu corpo alguma mudança positiva, no seu interior tudo estará resolvido. O milagre acontece primeiro dentro de nós quando, de fato, acreditamos que Deus é poderoso para realizá-lo. A bênção chegará quando o Senhor for considerado maior que qualquer outra possibilidade.

Como está sua crença agora? Onde está o foco de sua atenção? Você crê que tudo dará errado? Crê que seus familiares permanecerão sem conhecer a Cristo? Acredita que continuará necessitado e, quem sabe, amanhã sua situação financeira estará pior? Você crê que seus filhos não prosperarão, embora tenham a vida inteira pela frente? Está certo de que sua chamada ministerial nunca chegará ao coração de seu pastor? Então, não espere outro resultado! É possível que todas essas coisas aconteçam, pois você acredita nelas e tem mais fé que possa imaginar. Porém, é uma fé invertida. Uma fé negativa.

Mais tarde, conversaremos sobre o mecanismo da fé. Porém, de antemão, quero lhe assegurar que, independentemente de uma ação direta de Deus, o simples fato de você crer em coisas ruins pode gerar o fracasso. Jesus disse que tudo é possível ao que crê, e é interessante concluir que isso se aplica também ao lado negativo.

Antes de você me criticar, incluindo-me no grupo da confissão positiva — que abomino — quero deixar bem claro que a verdadeira fé não tem vida própria. A fé bíblica é uma fé pessoal em Deus.

Entretanto, o Senhor nos criou de um modo tão assombroso que nenhuma máquina consegue reproduzir nossa imaginação. É inegável que existe uma interação perfeita entre corpo e mente. Desse modo, se nosso coração estiver povoado de pensamentos ruins, dificilmente veremos bênçãos à nossa frente. A maior prova disso são as doenças psicossomáticas, que têm sua origem na força negativa do pensamento.

Estamos diante de dois extremos: ou cremos em Deus, ou damos lugar à dúvida, crendo em tudo que nossa mente incrédula nos diz. Não existe dúvida absoluta. A fé sempre dirigirá nossa vida: ou acreditamos de todo o coração em Deus, ou cremos que tudo dará errado.

Imagine Pedro caminhando sobre o mar. Sua aventura pode ser dividida em duas fases: a fase de crer em Deus e a fase de crer no fracasso. Tudo ia bem com o apóstolo. Ele caminhava a passos firmes rumo a Jesus. Por quê? Porque ele cria em Deus e estava convencido de que, por meio da fé, é possível rompermos as barreiras da razão. Ele estava sendo guiado por leis espirituais e por essa causa sentia-se preparado a andar sobre as águas.

De repente, surge a dúvida. Começa um discurso silencioso no coração de Pedro. Em segundos, o apóstolo se convence de que há um mar sob seus pés, ouve o sopro gelado do vento e, temeroso, começa a afundar.

Você sabe o que aconteceu mesmo? Pedro saiu de um pólo a outro. Ele trocou o seguro porto da fé pela incerteza do mar. Ele afastou-se da visão espiritual que o conduzia e passou a ser dirigido pelas leis da matéria. Assim, essa investigação humana fez o apóstolo duvidar de Deus e crer na desgraça.

Eu penso que existem coisas em sua vida que precisam ser resolvidas a médio ou longo prazo. Talvez você nem se aperceba, mas Deus já começou a trabalhar a seu favor.

Você olha aquele parente tão envolvido no pecado e fica imaginando que está muito longe de vê-lo no templo servindo a Deus. Quero lhe dizer que a obra de Deus já foi iniciada. A gente fica contando os dias para o Senhor agir e se esquece que, além de espiritual, a ação divina não segue nosso tempo. Na verdade, em situações desse tipo, nós queremos ditar a Deus nossos métodos arcaicos de libertação. Enquanto você fica imaginando quanto tempo uma organização que trabalha com viciados levaria para recuperar seu parente, o Senhor faz tudo num segundo. E você fica pasmo.

Por isso, lhe digo que pare de investigar o milagre que espera. Se você fizer isso, verá a dúvida começar a nascer. Deixe-me ser bem claro: esqueça tudo que você sabe acerca de uma possível solução de seu problema. Isso só atrapalha a fé.

Falando acerca da receptividade ao evangelho, Jesus afirmou que os humildes de coração têm mais facilidade de serem salvos. Por quê? Porque eles não crêem em nada. De certa forma, seus corações vazios são uma porta larga para o Espírito de Deus entrar. Diferente dos ricos, que, tendo em que confiar, dificilmente conseguem crer na verdade. De igual forma, alguns intelectuais, livres pensadores e os ateus rejeitam a salvação porque já construíram seu próprio mundo de idéias.

Durante muitos anos fui agente de saúde pública da extinta Sucam, hoje Funasa. Trabalhava na campanha de erradicação da malária e, por isso, precisava estudar sobre essa doença. Eu conhecia todos os passos que vão desde a deposição de ovos dos futuros pernilongos até as fases evolutivas do plasmódio no corpo humano.

Por outro lado, também sempre cri em cura divina. Até que uma de minhas amigas adoeceu justamente da famigerada malária. Pronto! Já não era a mesma coisa. Meu conhecimento tornou-se o principal obstáculo da fé. Eu orava por minha amiga, mas queria saber "como" o milagre ocorreria, o que poderia acontecer com aqueles milhares de parasitas no sangue. Resultado: dúvida.

Não existe benefício na dúvida. Dou-lhe cinco minutos para você me apontar um exemplo positivo. Fale-me de alguém que se beneficiou pela incredulidade. Difícil, não é?

Agora, inverta as coisas. Apresente-me um caso em que a fé foi prejudicial. Mostre-me uma situação extrema, em que, mesmo não acontecendo um milagre, a confiança verdadeira em Deus piorou as coisas. Dou-lhe o tempo que quiser para responder-me. Mas afirmo com toda a convicção que você não encontrará resposta.

Se você estudou Filosofia, por favor, esqueça a dúvida reflexiva, metódica e investigativa. Não estamos tratando disso aqui. Refiro-me à dúvida prática, àquela que se opõe à fé recomendada pela Palavra de Deus.

Agora, pense no problema que eu tive.

Desenganado pela medicina, só havia uma possibilidade para mim: crer. Porém, como já disse, eu poderia fazer isso de duas formas. A primeira, seria crer que tudo seguiria seu curso normal: a doença se agravaria, os remédios não fariam mais efeito e meu corpo iria enfraquecer até a morte. Que benefício eu teria?

Nenhum. Como os pensamentos dirigem nosso corpo inteiro, eu sofreria mais e morreria antes do tempo, deprimido e, quem sabe, questionando a Deus e comprometendo minha salvação. Doutra sorte, eu poderia crer em Deus. Quais seriam meus ganhos?

Primeiramente, eu teria paz no coração. Poderia até partir para a eternidade, mas esse momento seria entendido em seu sentido bíblico. Eu compreenderia ser uma honra estar com o Senhor e me sentiria um bem-aventurado, pois estaria seguro, aguardando a primeira ressurreição.

Conseqüentemente, essa paz acabaria contagiando quem estivesse ao meu redor. Eles também sofreriam menos durante a enfermidade e na hora final não ficariam tão tristes. É possível que mesmo agonizante eu até produzisse frutos para Deus. Conversões, batismo com Espírito Santo, reconciliações e até chamada ministerial podem acontecer nessas horas. O mesmo Espírito que consola o crente moribundo acaba agindo entre aqueles que assistem o leito. Essa foi uma das primeiras lições que aprendi depois de minha conversão.

Um adolescente nascido de novo foi visitar uma anciã de sua igreja. Até então, eu nunca visitara um protestante enfermo. Não imaginava haver diferença do que conhecia na vida comum entre meus familiares.

Uma casa humilde. Um quarto escuro. No fundo de uma rede, uma mulher de seus quase oitenta anos, encolhida como uma bola. Há muito tempo está ali esperando chegar a hora de encontrar seu Mestre querido.

Mas não há silêncio no quarto. Nem gritos de dor. A mulher fala alto. Fala num idioma que desconheço. Ali está um vaso cheio do Espírito Santo. Todo o tempo seus lábios revelam os mistérios de Deus. Só cessa a fala quando sua alma põe-se a entoar maravilhosos cânticos espirituais noutras línguas ou dirige mensagens proféticas aos visitantes. Todos sentimos a presença do Senhor no lugar. Ali está uma mulher crente, feliz porque acredita em Deus. Crê nEle acima da saúde e da própria vida física que se esvai.

Resultado! Quem visitava aquela mulher moribunda voltava para casa fortalecido na fé. Em vez de lamentos, seu quarto era lugar de adoração e louvor. Todos que adentravam ali não tinham escape: compartilhavam o clima celestial ou tinham que sair apressadamente. No mínimo, levavam uma boa impressão.

Foi isso que entendi quando me vi enfermo. Além da paz de espírito, crendo em Deus, eu poderia receber também a almejada cura. E isso aconteceu. Aconteceu porque é justamente quando estamos diante de Deus que os milagres ocorrem.

Não existe prejuízo em crer-se em Deus. Como disse, não há escolha nessa área. Se alguém decidir ignorá-lo, saiba que escolheu a pior saída. Sem entender, escolheu dar crédito ao problema. Não há neutralidade.

E agora, qual será sua escolha? Você tem à sua frente dois caminhos: um que fala de Deus e outro que exalta a dificuldade. Você pode continuar lamentando-se e fazendo discursos sobre a gravidade de seu problema, ou preferir dar glória somente ao Senhor. Pode crer que tudo está perdido, ou crer que a última palavra pertence a Deus. O que fará?

Oro para que você tome a melhor decisão. Peço ao Espírito Santo agora que lhe convença da melhor escolha. E, como creio que isso vai acontecer, convido-lhe a fazermos um pacto de fé: a partir deste momento, creremos só em Deus e não cessaremos de contar suas grandezas. Haja o que houver, acreditaremos sempre que Ele é maior que todas as nossas dificuldades.

Diante de nós, sempre haverá dois mundos: o mundo de Deus, espiritual e Todo-poderoso, e o mundo da matéria — limitado e frio. Se deixarmos que prevaleça o primeiro, abriremos a porta à operação infinita de nosso Deus e veremos grandes milagres. Se escolhermos o mundo material, nosso destino seguirá as leis de nossos sentidos, e não haverá diferença entre nós e qualquer outro mortal.

Uma vez que só nos resta crer, é mais inteligente acreditar em Deus.

Capítulo 4

Onde tudo começa

Com muita razão, Abraão é chamado nosso pai na fé. Fico impressionado como alguém conseguia ter tanta intimidade com Deus numa época tão adversa à verdadeira religião.

Minha fascinação aumenta quando descubro que o patriarca não possuía um só escrito profético para se suster. Pelo contrário, é dele e de sua posteridade que provêm todos os elementos que formarão mais tarde a nação de Israel.

Hoje, diferentemente, temos todo um conjunto de sustentação de nossa fé. Temos um serviço de culto organizado, uma igreja juridicamente constituída, um ministério ordenado e — sobretudo — a Bíblia Sagrada em nossas mãos.

Se, por algum motivo imperioso, eu tivesse que escolher um só desses elementos para minha vida, ficaria com a Palavra de Deus. É nela que tudo começa.

Iniciemos investigando o que é a palavra, em seu sentido comum.

Vamos descobrir que a palavra é mais que um amontoado de sons ou de símbolos escritos; é a melhor expressão de nosso caráter. Segundo Jesus, é ela que traduz fielmente nosso mundo interior, constituindo um veículo de bênção ou maldição.

Por essa razão, o zelo pelo cumprimento, o modo e até a ocasião em que é pronunciada fazem de nossa palavra o melhor cartão de visita que possuímos. Não temos como fugir. Por causa do que falamos, a primeira impressão é mesmo a que fica.

Então, o que significa termos entre nós a "Palavra de Deus"?

Significa que temos em nossas mãos a reprodução fiel do pensamento divino. Encontramos na Bíblia Sagrada um retrato do caráter de Deus.

Mesmo falíveis, temos por hábito cuidar para que nossas afirmações sejam sempre respaldadas pelo nosso comportamento. Esforçamo-nos para cumprir os compromissos que assumimos com nossa fala. Quando uma pessoa falta com sua palavra, logo perde a credibilidade. Ninguém levará a sério o que disser daí em diante.

Pense agora no profundo significado da Bíblia.

Como Palavra de Deus, seu Autor preocupa-se em cumpri-la. Diz o Senhor que ela não voltará vazia, mas executará seu propósito (Is 55.11). Para Deus, palavra liberada é palavra cumprida.

Talvez você ainda não tenha atinado bem para o poder da Palavra de Deus. Então, dê uma olhada no Novo Testamento, e descubra que a mesma foi o principal instrumento de Jesus na operação de milagres. Como temos visto, foi também a Palavra o material que Deus utilizou para construir o universo.

Vamos rever isso?

Você está junto de Deus no dia da Criação. Para onde olha, somente uma escuridão. A Terra está vazia e sem forma. De repente, o Criador põe-se de pé, e você fica imaginando como Ele vai fazer para organizar tudo isso. Você pensa logo nos anjos. Certamente, Deus irá convocar um exército desses operários. Você está pronto para assistir ao mutirão, quando a voz de Deus ressoa no vazio: "HAJA LUZ!" Pronto. O universo ainda ecoa o brado majestoso, e tudo já se encontra iluminado.

E sobre Jesus? A mesma coisa.

Ele está dormindo num pequeno barco. De súbito, uma tempestade assola o mar. A embarcação está enchendo-se rapidamente de água. Não há mais controle no leme. Os discípulos bem que tentam ser amáveis, mas não há outra forma, senão acordar o Mestre:

"Jesus!", grita um deles. "Acorda, que perecemos!"

Se fizessem isso comigo, em pânico, eu correria para o comando. Porém, Jesus nem olhou os precários instrumentos de navegação. Desprezou leme e âncora. Dali mesmo, ainda um pouco sonolento, o Mestre deu a ordem: "Mar, aquieta-te! Vento, cala-te!", e as enormes ondas caíram como um tapete.

Isso é a Palavra de Deus, ou seja, o modo como Ele se expressa diante das situações.

Como Deus é imutável, não há diferença entre a palavra verbal que hoje nos dirige e o que temos registrado nas Escrituras. Assim como estou escrevendo-lhe este livro, eu poderia falar-lhe tudo pessoalmente. No caso da Bíblia, a Palavra está escrita, todavia mantém as mesmas qualidades da fala. Tudo é manifestação do caráter de Deus.

Se você quiser saber o que Deus pensa acerca de seu problema, leia a Bíblia. Ali, você terá o posicionamento divino. Tudo revelado. Se não houver compreensão, peça entendimento ao Espírito Santo. Ele é o Autor da Palavra.

É mais ou menos o que pode acontecer com este livro. Se você não entender bem o que digo no texto, mande-me um e-mail, e tentarei lhe explicar o que escrevi.

Como expressão de nosso caráter, a palavra que falamos se confunde com nossa própria imagem. Assim é Deus e a Bíblia. Há uma sintonia perfeita entre a inspiração do texto, enquanto Palavra escrita, e o próprio Deus, a substância. Assim, podemos dizer que Deus é a Palavra, e a Palavra é o próprio Deus.

Jesus, o Verbo de Deus, é considerado a Palavra Viva. Conforme 1 Jo 5.7, são três os que testificam no céu: o Pai, o Espírito e a Palavra, isto é, Cristo. Por isso, multidões arrastavam-se atrás do Mestre.

Imagine! Se a leitura do texto — com toda a dificuldade de tradução — nos faz esquecer do tempo, quanto mais extraordinário deve ter sido ouvir a própria Palavra em elocução.

Logo, quando entramos em contato com as Escrituras, colocamo-nos frente a frente com o Senhor. Como Ele nunca muda, suas palavras conservam-se eternas. Embora o tempo decorrido, a mensagem de Deus para você é a mesma dirigida ao homem há dois milênios.

A diferença entre a nossa palavra e a de Deus é o poder. Embora tenhamos influência, nossa palavra não consegue se desvencilhar dos limites deste mundo. Porém, em Deus está o poder de criar. Quando Ele fala, o mundo se transforma. Sua voz carrega sua própria personalidade.

Creio que estas linhas são bastantes para você perceber a profundidade da Bíblia. Agora, vamos entender por que é com a Palavra que tudo começa.

Veja o que este livro está fazendo entre nós dois.

Daqui de meu quarto silente, estou me comunicando com você. Não nos conhecemos pessoalmente, porém a poucos capítulos do início, e você já consegue imaginar como eu sou. Muito embora não tenha meu retrato, você é capaz de traçar um perfil de minha forma de pensar. Já consegue perceber minhas sensibilidades, meu estilo literário e, provavelmente, meus erros. Como resultado, mesmo considerando a distância que nos separa, temos agora certa identificação. Eis seu primeiro ganho ao ler a Bíblia.

À medida que você lê as Escrituras, mais conhece sobre Deus. Talvez, você ainda tenha alguns preconceitos sobre o Senhor. Muitas vezes, certos pregadores traçam um perfil distorcido de Deus.

Para entendermos quem somos, de onde viemos e para onde vamos, devemos correr para a Bíblia. Encontrando nossa história, surgirá diante de nós um Deus amoroso e justo.

Comece pelo Gênesis. Derrube, de cara, a satânica doutrina evolucionista. Destrua o espiritismo quando perceber que os filhos de Adão se multiplicam sem que haja espíritos suficientes a reencarnar. Avance. Passe pela extraordinária história de Abraão. Fique admirado com o êxodo dos judeus e como o Senhor cuidará desse povo ao longo dos séculos. Passe pelos profetas. Maravilhe-se com a inspiração poética dos Salmos. Garanto-lhe que chegando ao livro de Mateus sua fé em Deus estará mais edificada.

Prossiga um pouco mais. À sua frente, todo o ministério de Jesus. Depois, visite a fervorosa Igreja do primeiro século. Leia as cartas de Paulo, e finde sua aventura descobrindo o que sucederá a este mundo e ao reino de Satanás.

Quando você terminar a leitura — que não precisa seguir essa ordem —, haverá uma identificação maior entre você e Deus. Disso resultará mais fé. Você descobrirá que seu problema é muito pequeno se comparado ao que o Senhor já fez. Você se tornará um gigante. Não haverá muralha que resista à sua confiança em Deus. Ele se revelará, e você entenderá de uma vez por todas que todo o poder e autoridade provêm lá do alto. Cessará o temor.

Quando os médicos me desenganaram, tomei a decisão de ler a Bíblia. Como cristão, eu sabia que obedecia a um plano traçado pelo Senhor. Eu não aceitava a idéia de morte, a menos que entendesse pela Palavra que essa era a vontade de Deus. Eu queria conhecer o propósito divino para mim.

Como estava muito mal, minha leitura não tinha segundas intenções. Esqueci de tudo. Se antes via na Palavra meu instrumento de pregações e estudos, agora eu queria apenas me alimentar. Deixei de lado outros interesses e me permiti ser levado pelo Autor. Então, algo foi mudando dentro de mim.

À medida que lia o texto sagrado, passei a esquecer que estava enfermo. Meus temores foram sendo substituídos pelos exemplos de fé dos personagens bíblicos. Fui sendo edificado.

Foi assim que o Senhor começou a moldar minha vida. Minha confiança nos homens desapareceu. Eu me movia pela Palavra. Acordava e dormia sob seu comando. Passei a orar mais que nunca. Sempre havia em meus lábios um motivo de adoração. O louvor jorrava do meu coração incessantemente. Comecei a me sentir feliz, não pela doença, mas porque, apesar dela, eu começava a vivenciar dias férteis no Espírito.

Foi aí que, na prática, vivi o que está escrito em Romanos 10.17: "A fé é pelo ouvir, e o ouvir pela Palavra de Deus".

Não há segredos. A Palavra é Espírito e vida. Quando ouvimos a voz de Deus através da Bíblia, o Espírito Santo, que a inspirou, vem ao nosso coração. Ele vem para nos convencer de que é verdadeiro o que escutamos. Então, simples letras ganham força e vida. Quando fechamos o livro, desaparecem as letras, mas o Espírito persistirá em seu trabalho.

Sim. A fé vem pelo ouvir, e o ouvir pela Palavra de Deus.

Esse versículo parece meio confuso. Tanto é, que alguns de nós preferimos juntar tudo, como fazem certas versões, e dizer que a fé vem pelo ouvir a Palavra de Deus. Mas ainda considero o texto que se apresenta na Edição Revista e Corrigida de Almeida.

Humanamente, não temos fé. Não a possuímos porque falta-nos sensibilidade. Não temos ouvido espiritual para recebê-la. É mais ou menos o que acontece com os aprendizes de música.

Entregue um violão desafinado a quem não sabe manuseá-lo. Gaste algumas horas falando-lhe sobre harmonia, escala musical e a melhor forma de ajustar esse instrumento. Demonstre-lhe isso várias vezes. Depois de tudo, entregue-lhe o violão para ser afinado, e prepare-se para o absurdo.

Por mais aplicado que seja seu aluno, jamais ele conseguirá um resultado razoável nas primeiras aulas. Falta-lhe ouvido, isto é, sensibilidade para conhecer a distância entre os tons.

Se você reconhece que precisa ter mais fé em Deus, sua primeira necessidade é ler as Escrituras. Assim, a Palavra começará a quebrar a pedra do seu entendimento. Você que levou a vida inteira tratando exclusivamente de questões humanas vai passar por um processo de aprendizagem espiritual. Seus ouvidos começarão a ser afinados para receber o conhecimento de Deus e de seu Reino.

Então, à medida que seus ouvidos vão sendo abertos para entender as coisas espirituais, nasce a possibilidade de você crer. A fé, situada numa dimensão além da matéria, começará a brotar em seu coração.

Quando isso acontecer, você irá desprezando paulatinamente os padrões de conhecimento humano. Numa escala progressiva, seu nível de sensibilidade crescerá tanto que você irá viver grandes milagres diante de Deus.

Por isso lhe digo: comece ler a Bíblia. Leia-a despretensiosamente. Leia-a por inteiro.

Não faça uma leitura mecânica. Alguns só abrem a Palavra em passagens marcadas. Outros, lançam sorte para receber um texto específico. Embora muitas vezes eu mesmo tenha ouvido a voz de Deus desta última forma, é claro que isso não é suficiente. A Palavra é muito mais que alguns versículos isolados.

O que significa "ouvir" a Palavra?

Significa entrar em contato com o texto sagrado. Isso pode ser feito de várias formas. A Bíblia pode ser lida diretamente — o que é insubstituível — ou através de literaturas como este livro. Você pode ouvir canções que tenham a Palavra por base ou ainda valer-se de outros recursos da mídia.

Só isso? Não.

Você deve falar a Palavra. Deve incluí-la em seu linguajar.

Então, se alguém lhe perguntar se seu caso tem solução, fale a Palavra. Diga a seu interlocutor que tudo é possível àquele que crê.

Se lhe disserem que os homens nada podem fazer por sua vida, responda que o impossível aos homens é possível a Deus.

Se insistirem, dizendo-lhe que a morte é inevitável, responda ao incrédulo que o mesmo Jesus que ressuscitou a Lázaro está com você nesse momento.

Desse modo, deixe a Palavra ir dominando seu coração. Esqueça de si mesmo. Olhe somente para o Deus grandioso da Palavra. Tenha em seus lábios sempre uma boa história do poder de Deus. Não aceite críticas destrutivas. Creia na Palavra escrita da mesma forma que Abraão creu no que recebeu pessoalmente.

Assim, deixando o Senhor agir em sua vida, você receberá a Palavra de Deus como uma mensagem específica. Por conta disso, em alguns momentos vai lhe parecer que toda a Escritura foi preparada exclusivamente para você. Essa é a hora em que o Espírito Santo começará a revelar-lhe detalhes sobre sua necessidade.

Então, a Palavra irá desafiá-lo. O Senhor virá a você com planos ousados. Você será convidado a negar a si mesmo em nome da fé. Prepare-se para andar no Espírito. O Senhor lançará luz sobre tudo que você ler na Palavra. A vida de Deus dominará sua vida e, mais do que nunca, você acreditará no poder que realiza milagres. Morrerá o homem natural e, em seu lugar, surgirá alguém capaz de entender o caráter sobrenatural da ação divina.

É assim que tudo começa.

Capítulo 5

Fale com o chefe

No capítulo anterior, você descobriu que através de sua Palavra Deus fala conosco e revela-nos seu caráter. Hoje, temos identificação com o Senhor porque Ele, por sua exclusiva soberania, quis comunicar-nos suas grandezas.

Agora, imagine que você tenha um grande amigo que viva revelando os seus segredos, enquanto você apenas o ouve. Apesar das boas notícias que lhe traga diariamente, seu amigo só pode contar com um admirador calado.

De plano, dá para você perceber que essa amizade não prosperará. Ou, quando muito, teremos um relacionamento estranho, sustentado por uma única pessoa. Se isso acontecer, certamente muita coisa boa se perderá.

Eis o que ocorre com muitos.

Embora alguns de nós leiamos a Bíblia e fiquemos satisfeitos com a voz de Deus, não vivemos diante dEle uma vida de oração. Como resultado, o Senhor há de representar sempre um intruso, alguém que se apresenta alegremente, mas a quem nunca abrimos a porta de casa.

Primeiramente, o que Deus espera de nós é que tenhamos comunhão com Ele. Você não deve buscar uma fé despersonificada, que não leve em conta a individualidade de Deus.

É costume em nossas igrejas, dizermos que a reunião foi boa porque sentimos "o poder", recebemos "a unção" ou porque nos emocionamos. Atribuímos o sucesso do culto à boa pregação, ao cantor famoso e ao número de conversões, mas raramente dizemos que Deus é quem faz tudo isso. Para muitos, a fé é algo que paira no ar como uma espécie de magia. Isso revela falta de intimidade com o Senhor, que só pode ser alcançada através da oração.

Como sabemos, a oração nos aproxima de Deus. Já não é apenas Deus falando conosco. Nós também demonstramos que queremos estar com Ele. Assim, a oração transforma-se num exercício de amizade.

Abraão conhecia esse segredo. Ele foi chamado amigo de Deus porque se comunicava diariamente com o Senhor. Os dois eram unidos de tal forma que a destruição de Sodoma e Gomorra foi anunciada primeiramente ao patriarca. Mais que isso: o Senhor aceitou a intermediação de Abraão (Gn 18).

Mais tarde, aquele que pela fé deixara sua terra natal em nome de uma posteridade numerosa levará ao Moriá seu herdeiro como oferta a Deus.

Por que Abraão teve coragem de subir ao monte e sacrificar seu único filho? Porque ele mantinha comunhão com Deus. Ele confiava em seu Senhor. Aprendeu isso no altar da oração.

Às vezes, queremos ter fé em Deus de forma mecânica. Imaginamos que cumprindo rituais estabelecidos em campanhas de fé iremos obter milagres. Corremos atrás da aparência do pregador e de alguns cultos, mas nos esquecemos de ir diretamente à fonte.

Quando você passa a confiar de verdade numa pessoa? Certamente, quando se torna íntimo dela. Não será da noite para o dia. Isso será fruto de um longo processo de descoberta mútua. Somente depois que o sorriso e as lágrimas se misturam é que a gente descobre um amigo.

O Senhor procura homens e mulheres que tenham prazer na oração. Mais do que um espaço para expor nossas necessidades, a oração deve ser um lugar de profunda comunhão com Deus.

Jesus disse que os verdadeiros adoradores são os que adoram a Deus em espírito e em verdade, e que o Pai procura essas pessoas.

Observando os elementos de culto, a oração é o que mais se aproxima dessa natureza espiritual. Podemos cantar, pregar, proferir palavras de adoração na igreja e servir noutros ministérios, porém, a oração pessoal continua sendo o maior desafio dos crentes, justamente porque, dada a sua natureza reservada, constitui um exercício de verdade perante o Senhor.

Jesus disse que o homem que pratica a verdade aproxima-se da luz. Logo, se nossa prática de vida não reflete o caráter de Cristo, teremos dificuldade em orar. Evitaremos estar a sós com Ele porque não teremos coragem de mentir sobre nosso estado. Todas as máscaras caem durante a oração.

O Pai procura adoradores através da oração. Ele faz isso porque deseja ter comunhão conosco e porque sabe que a vida cristã jamais será completa se faltar intimidade com o céu.

Deixe-me dizer-lhe uma coisa: Jesus também gosta da oração. Ele não fica satisfeito com pessoas que apenas buscam milagres. Acima de tudo, Ele deseja ter sua amizade. Ele quer, verdadeiramente, ser a pessoa mais importante da sua vida.

No final de 2004, passei alguns dias no Rio. Longe de casa e de meu cantinho de oração, minhas conversas com Deus ficaram bem limitadas. Dividindo um quarto de hotel com minha esposa, eu perdera a privacidade que caracteriza a oração pessoal.

Voltamos a Belém num vôo noturno muito cansativo.

No dia seguinte, por volta das nove da manhã, finalmente eu poderia voltar a orar. Ansioso por estar a sós com Deus, corri para minha pequena sala de oração, para viver ali uma de minhas maiores experiências com o Senhor.

Eu ainda estava com a chave na porta, e, antes que dissesse uma só palavra, o Espírito do Senhor veio sobre mim de um modo súbito e majestoso. A impressão que tive é que Jesus correu do canto extremo da sala e lançou-se ao meu pescoço. Eu podia ouvi-lo dizer: "Rui, onde estavas? Que saudades de ti, meu filho! Estive te esperando todos esses dias. Este é o nosso lugar. Não deixe de falar comigo. Eu também sinto falta da oração!"

Ah, amados, a glória do Senhor desceu ali. Não consegui orar uma só palavra em português, pois, a cada tentativa, a unção de Deus vinha como uma onda ainda mais forte.

Embora o Senhor não tenha nada contra nossos cuidados materiais, e até queira nos ajudar, Ele sabe que há um bem mais precioso que o milagre. Embora não criticasse a dedicação material de Marta, preocupada em agradá-lo com seus dotes domésticos, Ele não podia afastar Maria, que, assentada aos seus pés, ouvia com atenção suas palavras. Disse o Mestre que esta havia escolhido a melhor parte, que não lhe seria tirada.

Você irá confiar em Deus quando buscá-lo prazerosamente. Enquanto a oração representar um fardo, não haverá amizade. Haverá um relacionamento frio e distante. Como resultado, não teremos uma fé pessoal segura.

Certo pastor importante tinha uma agenda tão cheia de compromissos com a obra de Deus que só conseguia orar alguns minutos.

Um dia, o Senhor veio até ele e disse-lhe que não tinha prazer em sua vida. Ele, o Senhor, não podia aceitar um profissional do evangelho, alguém que tinha tempo para tudo em nome da obra, menos para estar na presença de Deus.

Obediente, o ministro reviu sua vida, liberou a agenda e separou a melhor hora de seu dia para estar a sós com o Senhor. Agora não era o ministério a primeira ocupação. A prioridade era o próprio Deus. Como resultado, os céus se abriram sobre a vida do obreiro e seu ministério experimentou uma dinâmica espiritual jamais provada.

A oração deve ser nosso primeiro ministério.

Como anda seu relacionamento com o Senhor? Embora Ele o conheça profundamente, você está disposto a conhecê-lo também? Quanto tempo tem reservado para estar a sós com Ele?

Na Bíblia, temos a intrigante figura de Davi.

De herói de guerra a rei poderoso, esse homem tem desafiado a muitos. Pergunta-se, com certa inveja, por que Deus amava tanto alguém cujo currículo contém pecados terríveis.

A resposta está nos Salmos. Leia-os. Veja se, mesmo vivendo certinho, você consegue tamanha inspiração. Ali, está a alma de

Davi. É um livro de poemas regado a lágrimas. Lágrimas choradas aos pés do Senhor.

Davi possuía uma das melhores armas: ele sabia achegar-se a Deus. Por isso, mesmo em pecado, sua oração no Salmo 51 é um retrato de comunhão.

Hoje, quando se prega que o crente pode determinar o que Deus deve fazer, encontramos em Davi um homem humilde, que sabe estar diante de seu Senhor. No versículo 17 desse salmo, ele confessa que sacrifícios agradáveis a Deus são o espírito quebrantado e um coração contrito.

Eis a fórmula dos heróis da fé: em tempo de provação, buscar em Deus um ombro amigo. Assim, da fraqueza eles tiraram força.

Foi movido pela confiança em Deus que Davi superou todos os obstáculos. Ainda um adolescente, ele pôde vencer a Golias porque já conhecia o Senhor dos Exércitos. Mais tarde, se levantará para dizer que não teme o vale da sombra da morte. Ele vive com Deus, por isso seu coração não pode se abalar ainda que uma guerra estoure contra si.

Não se envergonhe de chorar diante de Deus. Chore. Derrame-se perante o Senhor. Faça da oração a melhor parte de seu dia. Enquanto orar, exalte a glória de Deus. Reconheça sua majestade. Enumere seus atos poderosos.

Você não precisa ir longe. Comece por você mesmo. Maravilhe-se por ter sido salvo. Agradeça pela vida, pela família, pelo trabalho. Como fruto, você crescerá na fé.

O segredo dos grandes homens de Deus tem sido a oração. Não pense que Whitefield, Finney, Moody, Wesley, Spurgeon — e tantos outros — venceram porque eram eloqüentes. Veja em suas biografias que eram pessoas como qualquer um de nós. Também tiveram pecados a serem superados. A diferença que os fez prevalecer foi a vida de oração que levavam com o Senhor. Homens dos quais o mundo não foi digno. Homens que incendiaram o mundo com a Palavra de Deus, que mudaram a História.

Wesley, por exemplo, quando nasceu, em 1703, encontrou uma Inglaterra arruinada pelo pecado. O país era um exemplo de miséria espiritual e social. Segundo Mateo Lelièvre, para cada seis casas em Londres em 1736, uma era um botequim. O povo era viciado em gim. Placas nas tabernas convidavam as pessoas a beber por duas moedas, e, por quatro, embriagarem-se até cair e ainda receberem um colchão de palha para dormir. Assim mesmo muitos, caídos pelas sarjetas, morriam trucidados pelas rodas das charretes.

Por mais de quarenta anos, o pai do metodismo evangelizou sua nação. Ele fez isso a cavalo, pregando até cinco vezes por dia. Quando foi chamado à eternidade, a Inglaterra era uma nação cristã. E o segredo de tudo isso era o encontro que Wesley tinha com o Senhor durante algumas horas de oração diária.

Noutro livro que estou escrevendo *(O que Acontece quando Oramos)*, você terá um relato bem detalhado sobre a vida de oração de alguns desses valorosos homens.

A oração é o lugar do milagre. É nessa hora que Deus trabalha mais em nossa vida. Quebram-se aí as cadeias do medo e da impossibilidade e, em seu lugar, surge a soberania divina. Tudo o que você aprendeu sobre Deus será evidenciado nessas horas. A oração é o resumo de tudo que somos.

Neves, uma de minhas irmãs, costuma apontar para uma cadeira solitária num canto de seu quarto e chamá-la de tribunal. Acertadamente, ela entende que ali está o principal lugar da casa. Lugar onde trata com Deus os assuntos mais sérios. E tem sido grandemente vitoriosa. Agora enquanto escrevo, ela está com a família passando uma temporada de dois anos na China, levando a Palavra de Deus a lugares nunca imaginados por uma criança nascida no interior do Pará e criada fora do casamento.

Não perca tempo. Muitos de nós não recebemos a bênção porque não levamos nossa causa à pessoa certa. Como falamos! Estamos sempre aptos a dividir nossa vida com outras pessoas. Mas pouco tratamos com Deus em oração.

Foi assim quando adoeci.

No princípio, eu passava a maior parte do tempo relatando a doença. Se não havia um interessado, esforçava-me para que o tema fosse incluído na conversa. Eu praticava uma espécie de autocomiseração. Embora ninguém pudesse me ajudar de fato, eu me contentava com a piedade de alguns.

Um dia, o Senhor veio a mim, e fez-me conhecer que eu estava perdendo tempo. Em vez desse discurso infrutífero, eu deveria buscá-lo mais em oração. Então, decretei o silêncio. Reuni a família e anunciei que a partir daquela hora eu não falaria mais em enfermidades. Queria estar a sós com o Senhor e somente com Ele tratar desse assunto. Queria buscar o Reino de Deus em primeiro lugar.

A partir desse momento, minha vida mudou. As dúvidas cederam lugar a uma fé viva em Deus. O Senhor se tornou meu confidente, e eu tive a graça de, enquanto a cura não chegava, ser consolado pelas mãos suaves do Bom Pastor.

Durante minhas orações, meu quarto se enchia da presença de Deus. No resto da casa as pessoas estavam seguindo a rotina do dia, mas, ali, o céu parecia ter descido. Porém, curiosamente, nessas agradáveis horas poucas vezes eu pedia para ser curado. Orava pelo gosto da presença de Deus. Orava porque via nisso minha vida.

Essa experiência assemelha-se à de quase todos que aceitam a Jesus. Após uma advertência sobre os horrores do inferno, raramente o pecador decide-se a Cristo por medo da condenação. O toque do Santo Espírito o convida a servir ao Mestre, e é por isso que ele se prostra.

Siga o exemplo de Jesus.

Embora já pressinta a morte, não vemos desespero no Mestre. Ele ceia solenemente com os apóstolos e até canta um hino. Para dizer que derramará seu sangue no madeiro pelos que estão à volta da mesa, o Salvador usa uma linguagem figurada, quase poética, ao levantar o cálice.

Nem mesmo a traição de Judas pode movê-lo. O Senhor não o impede de cear. Quando mais tarde o traidor chegar ao jardim, o Mestre não amaldiçoará seu apóstolo. Permitirá o beijo-sinal. Por quê? Porque Jesus vivia em oração. Foi assim que começou e irá findar seu ministério entre nós.

Depois da prisão, o Senhor caminha silentemente a noite de agonia entre o Getsêmani e a casa de Caifás. Quando amanhece, é levado a Pilatos. Permanece mudo, atitude que causa irritação ao sumo-sacerdote e ao governador. Mas, não é depressão ou rebeldia. A explicação está fora da cena. Jesus passara boa parte da noite em oração. Naquele jardim, Ele tratou diretamente com o

Pai. Ali, o Senhor expôs sua vida àquEle que mantém o domínio sobre todas as coisas. Não havia, portanto, razão para Ele estar dividindo seu sofrimento com os homens.

Muitas vezes perdemos tempo. Propalamos nossas dificuldades a parentes, amigos e, não raro, até a estranhos. Achamos que isso poderá nos ajudar muito, mas nos enganamos.

Se essas pessoas não podem ajudá-lo diretamente, aceite delas apenas a intercessão. Não entre em detalhes.

Leve a Deus suas necessidades. É Ele quem pode solucionar. Faça do Senhor seu amigo mais íntimo. Então, a fé surgirá.

Quando você fala de seus problemas, quase ninguém está interessado. Alguns ouvem por educação, outros por curiosidade ou dó. Poucos, muito poucos, se importam com seu drama. Então, por que perder tanto tempo?

Avançando um pouco mais meu testemunho de cura, eu lhe digo que o resultado desse comportamento é terrível. Por não estarem comprometidas com você, a maior parte das pessoas lançará pensamentos de incredulidade quando você abrir seu coração. Dificilmente haverá crescimento.

Quando eu estava desenganado, a maioria de meus interlocutores só me trazia prejuízo. Sempre tinham um mau exemplo para me comparar.

Entretanto, o pior era quando alguns oravam. Suas preces eram repletas de dúvida.

Escondidos atrás da desconhecida *vontade de Deus*, certos irmãos suplicavam aos céus um possível milagre. Mas quando diziam "amém", voltavam a me confortar com exemplos de morte. Outros pediam que o Senhor consolasse minha família. Literalmente, eu me via num caixão. Em algumas ocasiões, em espírito, orava contra, pedindo que a oração findasse.

Recentemente, ouvi um desabafo. Em pleno culto de domingo, o líder de uma igreja que eu visitava confessou que não suportava mais tanta reclamação: "Cheguei ao meu limite", disse ele. Declarou ali sua incapacidade para solucionar as constantes queixas do povo e reconheceu que os irmãos estavam tratando com a pessoa errada. No silêncio que se fez, corajosamente, o obreiro anunciou que estava aberto um período de trinta dias de oração. Todas as atividades da igreja estavam canceladas. Os irmãos deveriam estar juntos, buscando livramento.

A Palavra e a oração caminham de mãos dadas. Observe que, a princípio, falei da necessidade de lermos a Palavra, mas, à medida que fui desenvolvendo o tema, a oração começou a surgir naturalmente. Não dá para separar. Você começa lendo a Bíblia, e logo o Espírito que vivifica a letra passa a convidá-lo a orar. Sem se aperceber, suas orações tornam-se mais constantes e agradáveis. E quando isso acontece, a leitura também se revelará mais prazerosa. Assim, a Bíblia será compreendida durante a oração, e esta será o estímulo à leitura da Palavra. Dessa dinâmica do Espírito nascerá a fé.

Se você está atravessando um vale escuro, comece a orar com mais freqüência. Aconselho que você estabeleça horários fixos, o máximo que puder.

Se tem dificuldade em ficar a sós com Deus por mais tempo, um hino (de preferência instrumental), poderá lhe ser muito útil. Além de ser maravilhoso orar dessa forma, a música substituirá o relógio, e você ficará à vontade diante de Deus.

Importante também é você saber ouvir a voz de Deus enquanto ora. Às vezes, falamos muito e terminamos a oração como se fôssemos os únicos credenciados a falar. Em muitos casos, o Senhor já tem a resposta da oração que acabamos de fazer, mas, como não damos lugar à sua voz, nada acontece. Muitas vezes, o que imaginamos impossível pode ser resolvido com uma simples orientação do Espírito.

Em particular, tenho sido grandemente abençoado por esperar um pouco mais na oração. Depois que exponho minhas causas, fico em silêncio e peço a Deus que fale comigo. Então, Ele começa a me instruir sobre o que devo fazer.

Depois que aprendi isso, muita coisa mudou. Minha vida de pregador, por exemplo, ganhou novo impulso. Antes, eu escolhia um texto bíblico e fazia as pregações. Hoje, depois de orar, pergunto ao Senhor que palavra Ele quer entregar. Digo: "Deus, só o Senhor conhece as pessoas que ouvirão a mensagem. Por favor, Espírito Santo, diga-me o assunto que devo pregar". Então, mal fecho os lábios, a voz do Senhor indica a mensagem.

Às vezes, o Espírito me leva a falar de temas que, aparentemente, nada têm a ver com o caráter da reunião. Entretanto, à medida que a mensagem vai sendo exposta, vem a confirmação do céu. O Espírito do Senhor começa a agir. Logo as pessoas começam a se levantar tocadas pela pregação. Um culto que começou apático pode transformar-se num lugar de avivamento.

Parece-me que o mal da organização litúrgica das igrejas está no impedimento à ação do Espírito. Achamos que cada reunião deve ter um caráter próprio e que Deus deve ficar preso a essa divisão. Se estamos numa escola bíblica, por que vamos falar de libertação ou cura, se o assunto da lição não é esse? Por causa da característica da reunião, somos levados a pedir que as pessoas procurem o culto certo: se quiserem orar, culto de oração; se quiserem estudar a Bíblia, Escola Dominical; problemas de opressão, que freqüentem a reunião de libertação.

E o Senhor? Como vê isso? Ele vê de forma bem diferente de nós, pois todas as vezes que a igreja se reúne Ele está em nosso meio. E em todos os casos Ele deseja realizar suas obras. O Espírito Santo não está sujeito a leis humanas. Vejo isso em Atos 2, quando o avivamento chegou por volta das nove horas da manhã e apanhou os discípulos assentados.

Cada pessoa tem um modo peculiar de ouvir a voz do Senhor. Certamente, Deus tem uma forma especial de tratar com você. Ele quer instruí-lo sobre os caminhos da fé. E o melhor lugar para você obter esses conselhos é o altar da oração.

De agora em diante, assuma um compromisso de ter Deus como seu maior aliado. Conte-lhe detalhadamente cada situação que está incomodando sua vida. Faça isso como se estivesse frente a frente com a pessoa mais achegada que você tem neste mundo. E espere. Espere a voz do Senhor ecoar dentro de seu coração.

Ao levantar-se dali, você será mais forte e destemido. Você entenderá, na prática, que tem a seu lado a pessoa mais poderosa. Então, o milagre deixará de ser algo quase inalcançável e passará a ser visto como um ato do amor de Deus.

Capítulo 6

A fórmula de Cristo

Quando você examina a Bíblia, descobre que todos os milagres tiveram uma fase inicial. Exceto ações diretas de Deus, sempre que o homem na Bíblia é visitado pelo sobrenatural, encontramos antes do milagre um período decisivo para esse resultado: é o tempo de crer.

O tempo de crer é um período, curto ou longo, que vai desde a decisão em confiar no Senhor até o momento em que o milagre acontece perante nossos olhos.

Tendo aprovação divina, todo o sucesso de nossa busca dependerá do modo como nos comportamos nessa primeira fase.

Iluminado pela Palavra e com uma vida de oração, o tempo de crer será para você uma antevisão do milagre. Muito embora materialmente não haja mudanças, você será levado pelo Espírito a acreditar na existência do que pede.

Como tratamos, a fé representa um conhecimento transcendental, pois, por estar além da razão e dos sentidos, foge completamente às expectativas humanas. Assim, o tempo de crer deverá ser vivenciado diante do Senhor. Você crê que receberá, não porque veja possibilidades concretas diante de seus olhos, mas porque acredita em Deus e está convicto de que sua operação é sobrenatural.

Até hoje, muitos de nós ainda não compreendemos a fé em sua essência. Dizemos que cremos, porém, na maioria das vezes, praticamos uma fé vazia. Temos uma oração no presente e uma expectativa de resposta num futuro distante, às vezes completamente vago. Muitos dizem que estão "esperando no Senhor", porém, em alguns casos isso não passa de comodismo. Biblicamente, esperar em Deus é um exercício de fé.

Em Marcos 11.24, o Senhor nos revelou a infalível fórmula da fé: "Por isso, vos digo que tudo o que pedirdes, orando, crede que o recebereis e tê-lo-eis".

Em suma, Jesus está nos ensinando o caminho para alcançarmos milagres da parte de Deus. E o segredo é este: fazermos de nossa oração um exercício de apropriação do que pedimos, de modo que, uma vez tendo orado, abandonemos a visão de nossa realidade finita e passemos a vivenciar a realidade do Reino de Deus. Isto envolve duas grandes verdades.

Primeira: nossa oração deve ser específica. Isto significa que, não obstante devamos viver horas diante de Deus em adoração, nossos pedidos devem ser objetivos e bem claros.

Observe que, mesmo sendo onisciente, Jesus sempre dava oportunidade para que as pessoas expusessem suas próprias necessidades. Quando se encontrou com um cego de nascença, sua indagação foi: "O que queres que eu te faça?"

De plano, parece-nos que o Senhor foi irônico. "É lógico que ele quer enxergar!", diriam alguns sem entender a cena. Porém, o Senhor sabia que, além da vontade de Deus, era preciso o próprio homem demonstrar seu desejo, porque apenas quando sabemos exatamente o que queremos e estamos possuídos pelo desejo de mudança é que a fé se mostra capaz.

É assim que eu entendo. Não vejo nenhuma necessidade da parte de Deus. Ele é sábio e conhece perfeitamente nosso caminho. Deus não pode errar, dando-nos coisas trocadas em nome de nossa subjetividade na oração, como alguém escreveu.

Por diversas vezes tenho visto o Senhor curar enfermos, mas em praticamente todos os casos isso só acontece quando noto a presença da objetividade e de um desejo ardente de saúde. Isso é tão certo em minha vida, que evito orar pela cura de pessoas que não demonstram interesse. Em ocasiões próprias, costumo falar acerca do poder de Deus sobre as enfermidades. Testifico. Mostro as promessas bíblicas. E deixo o próprio doente requerer uma oração de cura.

Em uma noite, quando voltava do trabalho, por volta das 20 horas, encontrei em minha casa uma irmã muito doente. Logo na primeira conversa, ela confessou-me que há muito sofria do estômago, a tal ponto de não poder mais se alimentar regularmente. Disse-lhe que Jesus tinha poder para curá-la nessa noite, e entrei para meu quarto.

Meia hora depois, o jantar estava servido. Seguiram-se muitas conversas em torno da mesa, e a irmã permanecia em seu lugar. Quando já passava das 23 horas, levantei-me, despedindo-me de todos. Eu queria ver se a mulher estava firme no propósito de ser curada.

Então, quando já me recolhia, ela gritou da mesa: "Estou aqui esperando o momento de orar!" Olhei para ela. Seus olhos brilhavam, e compreendi que, verdadeiramente, aquela mulher crera na Palavra de Deus e estava dominada pela fé.

Voltei à sala de jantar, e começamos a buscar ao Senhor. O Espírito de Deus foi dominando o ambiente, então orei segundo Marcos 16.17-18 e repreendi a doença em nome de Jesus. Nesse momento, a mão de Deus tocou aquela senhora, e a enfermidade saiu instantaneamente.

A segunda verdade decorre da primeira. É que, quando sabemos o que pedimos e desejamos isso de todo o nosso coração, torna-se possível visualizarmos a resposta de nossa oração. Foi o que aconteceu com aquela irmã. A partir do momento em que ela deu crédito à Palavra de Deus e ficou possuída pelo desejo de ser curada de um problema específico, o Espírito Santo começou a desenhar na mente dela a imagem de uma pessoa sadia. Em outras palavras, ela passou a crer que estava sã e que tudo era questão de horas para que suas sensações humanas pudessem captar o milagre.

Veja como as leis espirituais são completamente avessas à nossa forma de ver o mundo. Enquanto, humanamente, só podemos declarar a existência do que pode ser conhecido pelos sentidos, a fé nos leva a enxergar antes que as coisas se instalem no mundo da matéria.

Se você orar guiado pela aparência das coisas, a resposta da oração lhe parecerá proporcionalmente ligada ao grau da dificuldade que você enfrenta. Se o problema for de natureza simples, você conseguirá crer numa resposta próxima. Mas, à medida que as coisas caminharem para o impossível, a solução lhe parecerá mais difícil e distante. Conseqüentemente, isso vai gerar uma confiança em Deus muito reduzida.

Deus tem a solução para isso: faça apenas a sua parte! Quando orar, creia somente. Não avance a fronteira. Deus é quem fará o milagre. Portanto, esqueça de uma vez por todas a grandeza do problema. Creia somente que Ele tem a solução e é maior.

Mas não creia num resultado futuro. Jesus ensinou que você deve crer que já recebeu o que pede. É isso que possibilita a ação divina.

Como já disse, Deus se move na eternidade. Para Ele não existe o amanhã. Ele faz num único dia o que levaríamos mil anos para realizar. Logo, aquilo que você acabou de pedir já está pronto há muito tempo no Reino dos céus. Antes que você nascesse e fizesse essa oração, em sua eternidade, o Senhor já contemplava o milagre.

Olhe para Jesus em seu ministério terreno. Nada conseguia vencê-lo. Com sua voz de autoridade, transformou água em vinho e levantou mortos, porque, na qualidade de Deus, Ele tem a visão da eternidade. Quando estava diante dos problemas, o Senhor já sabia o desfecho da cena. Sua visualização era perfeita.

Enquanto Lázaro se prostrava e morria, Jesus continuava pregando porque quatro dias não representam nada para Ele. Embora para os discípulos houvesse um corpo em decomposição no túmulo, para o Todo-Poderoso, que se move na dimensão do Espírito, Lázaro apenas tirava uma soneca.

Seguramente, Jesus podia afirmar que a doença de seu amigo não era para morte, e sim para glorificação de Deus. Se Jesus fizesse as contas, após a morte declarada de Lázaro, ainda faltavam a Ele novecentos e noventa e seis dias para a ocorrência do óbito.

Esta é a razão das profecias e dos milagres: nosso Deus conhece todas as coisas. Em relação ao tempo, Ele é o grande "EU SOU".

Então, crer significa antever o resultado. Apesar de tudo aparentemente não experimentar mudanças, o Senhor exige que você creia na resposta automática de sua oração. Você deve ver o invisível. Permita-me outro testemunho.

Certo dia, acordei apenas com o dinheiro do transporte. O café da manhã consumiu as últimas moedas de casa.

Antes de sair para a universidade, orei e pedi ao Senhor que providenciasse o nosso sustento. Então fui confiante, crendo que ao retornar haveria uma mesa farta.

Depois de morar sete anos no Amapá, tinha pouco tempo de retorno a Belém e não havia a quem pedir socorro. Mas eu cria em milagres.

Logo que saí, um jovem que trabalhava numa construção próxima bateu à porta de casa pedindo um copo d'água. Após o agradecimento de praxe, o rapaz confessou estar muito preocupado, pois, havendo recebido a remuneração de sua semana de trabalho, temia gastar o dinheiro indevidamente. Dinheiro que precisaria ter dias depois. Então, ele pediu sugestões a quem o atendera, sendo prontamente aconselhado a emprestar-me o dinheiro.

Foi assim que uma pessoa desconhecida abriu a carteira e entregou tudo o que tinha para nosso sustento.

Às doze horas, quando entrei em casa, a mesa que eu contemplara pela fé estava posta e tínhamos mantimento para uma semana.

Parece grandioso, não é mesmo? Sim. Parece grandioso aos nossos olhos. Todavia, para o Senhor tudo foi muito simples.

Enquanto eu ainda não tinha necessidades, o Senhor já labutava a meu favor. Por seu poder, providenciou um trabalho para aquele rapaz. Quando este recebeu seu salário, guiou-o até a porta de minha casa e deu-lhe coragem para proceder ao empréstimo. Naquela manhã quando orei, tudo já estava pronto no Reino de Deus. Eu só precisava crer que havia recebido.

E Elias? O que dizer mais do ousado profeta?

Ele conhecia o segredo da fé. Mesmo sendo um homem comum como diz a Bíblia, sujeito às mesmas inclinações como qualquer um de nós, sua confiança em Deus abalou o sistema político-religioso da época.

Depois da vingança sobre os profetas de Baal, entendeu o homem de Deus haver cessado o tempo de provação de Israel. Por isso, em meio a uma terrível seca de três anos e meio, Elias consolou o rei Acabe com estas palavras: "Sobe, come e bebe, porque ruído há de uma abundante chuva".

O rei correu para o palácio. Elias subiu ao monte Carmelo para falar com Deus. Com o rosto no pó, o profeta chamou um discípulo e pediu-lhe que olhasse para a banda do mar, porém o moço voltou e disse: "Não há nada!" Elias ordenou que o rapaz fizesse isso diversas vezes, mas o céu permanecia encoberto por uma grande manta azul.

Entretanto, por ocasião da sétima vez, o discípulo voltou com uma resposta diferente. Disse que via uma pequena nuvem subindo do mar, do tamanho da mão de um homem. Isso foi suficiente para o profeta.

De repente, os céus se enegreceram. Aquela pequena nuvem foi envolvendo toda a nação. Raios e trovões cortavam o espaço. E finalmente uma grande tempestade caiu sobre a terra seca de Israel!

Tudo isso aconteceu porque Elias descobrira a fórmula da fé. Ele cria na resposta imediata de sua oração. Sua confiança em Deus era grandiosa, razão por que também não precisou de muitas palavras para ver o altar de Deus em chamas.

Elias desafiou os quatrocentos e cinqüenta profetas de Baal porque sabia que o Senhor já havia preparado o fogo para o holocausto. Quando orou a Deus, por meio da fé, o profeta já contemplava as labaredas devorarem o cordeiro e secarem toda a água em volta do altar. Por isso aconteceu.

Mas não confunda as coisas. Crer que já recebeu não significa sempre ter o resultado imediatamente. Como eu disse no princípio deste capítulo, o tempo de crer é um intervalo entre a oração feita e o resultado material do que pedimos. Nem sempre o resultado é instantâneo.

Até aqui, temos tratado desse período em relação a Deus. Você deve crer que já recebeu porque sabe que para o Senhor tudo está resolvido. Todavia, isso não anula o propósito específico dEle para a sua vida. O Senhor providenciará que a bênção chegue no momento certo. Mas, disso e da forma como devemos nos comportar no tempo de crer, trataremos depois.

"Mas o que é crer?", você perguntará novamente.

E eu lhe dou a mesma resposta de algumas páginas atrás: crer é confiar em Deus. É acreditar que você está lidando com uma pessoa séria e competente.

Voltemos à figura de Abraão.

Ele creu no Senhor. Por isso, diz a Bíblia que o patriarca saiu de sua terra sem saber para onde ia. Imaginemos um pouco.

Você é vizinho de Abraão. Ele pertence a uma família tradicional e rica em Harã e também é respeitado por seu caráter e pela autoridade que exerce. Sua casa impressiona pela beleza e bom gosto.

Certo dia, você está retornando à cidade quando vê se aproximar uma multidão em sentido contrário. É Abraão que vem com uma grande comitiva. Carros, animais, escravos, jóias e muitos outros bens vêm junto. Tudo, menos os parentes. Você olha para todos os lados, e, além de Abraão e Sara, só enxerga Ló. Não entendendo nada, vai logo interrogando:

— Ó, Abraão, o que está acontecendo?

— Estou mudando de cidade.

— Por quê? Houve algum problema?

— Não. Deus falou comigo e me ordenou que partisse.

— Mas... assim?! Pra onde você vai?

— Bem, não sei precisamente. O Senhor me mandou sair de Harã para uma terra que Ele me mostrará, e eu estou indo.

— Como pode ser isso, Abraão? — insiste você, acompanhando a caravana apressada. — Você não pode sair assim pelo mundo, sem rumo. E suas fazendas?...

— Só uma coisa eu sei — interrompe o viajante. — Deus falou comigo, e eu devo obedecer. Até logo! A jornada parece longa.

Assim surgiu a nação de Israel. Tudo começou com um casal, que, além da idade avançada, ainda convivia com o fantasma da esterilidade.

Tudo o que Abraão tinha era confiança em Deus. O Senhor havia dito que sua descendência seria incontável como as estrelas do céu. E ele acreditou nisso, mesmo quando, obediente a Deus, intentou matar seu querido Isaque. Diz a Bíblia que Abraão acreditava que o Senhor era poderoso até para ressuscitar o menino. Esse era o motor de tamanha fé.

Muitos de nós ainda não confiamos no Senhor como DEUS. Por essa razão, não temos coragem de orar para que Ele faça sua vontade em nossas vidas. Ainda não compreendemos que o Onisciente tem sempre o melhor para nós.

Quero convidá-lo a confiar em Deus incondicionalmente. Creia nEle de toda a sua alma a partir de hoje. Tenha-o como seu melhor amigo. Então, a fé virá ao seu espírito e você confiará na resposta de suas orações.

Mesmo que tudo ao seu redor permaneça igual, esteja pronto para crer. Lembre-se de que primeiro as coisas acontecem no Reino de Deus. Esqueça suas limitações. Creia sob a ótica daquEle que não conhece tempos e épocas. Creia que o Senhor se antecipa ao nosso sofrimento, pois Ele conhece as palavras que ainda nem saíram de nossa boca.

Essa crença no plano espiritual nos conduzirá a uma mudança significativa de atitudes. Ninguém conseguirá ver sob a ótica de Deus e permanecer guiado pelos destinos humanos. Logo, aquele que visualiza um milagre há de se comportar como já o tendo recebido.

Em conseqüência, mudando o estado de espírito, mudarão também as expectativas. O crente assumirá outra postura, considerando que seu problema é caso passado. Esse é o segredo de Deus.

Portanto, se você pedir alguma coisa em oração, creia que já recebeu. E assim há de ser. É a fórmula da fé.

Capítulo 7

Há alguém do outro lado

Existe muita confusão sobre fé. Na verdade, esse é um dos temas mais discutidos atualmente. Todos dizem crer em alguma coisa. E muitos afirmam que o importante é você ter mesmo uma crença, não interessando qual, desde que lhe sirva nos momentos difíceis.

Há inúmeros movimentos e correntes sobre fé. Alguns extremamente místicos e voltados para forças exteriores e outros que transformam o homem em seu próprio deus.

Dentro desse contexto também há igrejas. Muitas, cuja pregação em nome de Deus reproduz o modelo de uma fé própria e sem base bíblica. Em alguns lugares, a fé deixou de representar um elo entre o homem e seu Deus e ganhou vida autônoma. É a fé pela fé, o triunfalismo, o dualismo, que reduz tudo a uma luta espiritual entre o Bem e o Mal, numa relação de igualdade que choca a majestade de Deus.

Aqui, você vai descobrir o mecanismo da fé. No final, saberá o que acontece quando oramos e como as coisas se organizam para produzir o milagre. Por isso, apesar da simplicidade, tenho aqui o principal capítulo deste livro.

Inicialmente, quero reafirmar que a fé bíblica é uma fé pessoal em Deus. Ela não tem vida própria. Toda a revelação está assentada na pessoa de Deus. Tudo que há de prodigioso na Bíblia surge em nome de um Senhor, identificado de modo claro.

Se você for a uma livraria comum, decerto encontrará muitos livros sobre fé. Eles estão classificados como auto-ajuda e ensinam que você resolverá tudo sozinho valendo-se da fé. Pode até ser ateu. Não tem problemas, pois, para esses autores, a fé é uma força que existe naturalmente dentro de cada pessoa.

Esses livros falam em oração. Afirmam que a melhor solução é orar. Mas não se impressione. Eles estão ensinando que a oração é uma espécie de envio de mensagens ao subconsciente. Este, cegamente, obedeceria a essas ordens, o que seria entendido pelo leigo como resposta da oração. Assim pensa a Nova Era e o esoterismo de modo geral e, infelizmente — de forma camuflada — algumas igrejas modernas. Para esses grupos, a fé é um esforço de nossa mente. Tudo começa e acaba no próprio homem.

Mas a Bíblia nos apresenta um Deus pessoal. Um ser que interage com o mundo e muda situações. Vejamos como os milagres acontecem.

Em primeiro lugar, precisamos entender que o Senhor mantém domínio sobre toda a Criação. Desde as células desconhecidas de nosso corpo até a galáxia mais afastada, o Criador conserva tudo debaixo das leis que Ele estabeleceu. Logo, você e todas as circunstâncias de sua vida estão sob o governo de Deus. Ele conhece perfeitamente a sua aflição e tem anotado cada pessoa ou fato que lhe faz sofrer.

Lembro-me agora de minha vida. Quanto sofrimento e humilhação padeci até os vinte anos.

Criado fora do lar, nunca provei do carinho de um pai. Muitas vezes fiquei sem comer por vários dias e ainda tinha que procurar quem me desse abrigo. Mudei aproximadamente trinta vezes de endereço. Era expulso de casa. Rejeitado. Amaldiçoado.

Numa noite, já convertido, fui ao culto com uma palavra diferente. Não era uma mensagem teológica. Pedi permissão ao líder da igreja e diante de todos anunciei que não tinha onde morar e que, por problemas com o dono da casa onde estava hospedado, terminando aquela reunião, só me restaria dormir junto à porta do templo. Apesar de não ter sido expulso, eu não tinha mais condições de voltar àquela casa.

Para minha surpresa, findo o culto, todos se foram. As luzes se apagaram, e eu fiquei só ali, sem perspectivas. Já se aproximava meia-noite, quando certo irmão que estivera no culto me reconheceu na porta da igreja. Ele me levou para sua casa, deu-me uma rede e um lençol, e pude enfim terminar aquele dia.

Tudo parecia concorrer contra mim: eu não tinha conselheiros, não tinha uma família nem onde morar. Materialmente, tudo o que tinha era um violão surrado para tocar na igreja e um conjunto velho de calça e camisa, que eu vestia ainda molhado para ir aos cultos diários. Alguns parentes me rejeitavam e praticavam muitas injustiças contra mim.

Mas o Deus que eu conhecera aos quinze anos sabia todas as coisas. Tudo estava sob seu controle. Então, Ele foi me conduzindo. Tomou a frente de minha vida e começou a trabalhar todas as situações embaraçosas com que me deparei. Eu fui assim, de triunfo em triunfo. Minhas lágrimas de angústias aos poucos foram se convertendo em fontes de prazer.

Aquele menino rejeitado e carente cresceu. Constituiu uma família. Formou-se em duas faculdades, retornando mais tarde para ser professor de uma delas. Hoje está aqui, falando com você.

Quando olho para trás, vejo a mão de Deus conduzindo tudo. Eu não estava só. Alguém do outro lado a tudo assistia. E, mais que isso, agia a meu favor.

Esta é sua primeira necessidade: reconhecer que o controle de sua vida está com Deus. Por mais que os homens não lhe dêem esperança, acredite que o Senhor está acima de toda condição. Somente Ele tem as chaves da vida e da morte.

De posse dessa fé, você então começa a orar, e sua oração inicia um exercício no mundo sobrenatural de Deus. Você não pode ver, mas, quando adentramos a presença do Senhor para declarar sua soberania, anjos da parte de Deus nos são enviados. Eles se unem a nós nessa adoração e se prostram diante daquEle que reina para sempre.

Você ora crendo que já recebeu, pois, como tratamos, a resposta está na natureza de Deus, que não conhece o nosso limitado calendário. Você insiste em declarar que Ele é o Senhor, apesar de ver as coisas se agravarem à sua frente.

Então, os céus começam a receber suas orações. Elas chegam diante do Senhor como incenso muito agradável. Os céus agora estão em apoteose porque na Terra alguém está reconhecendo a grandeza daquEle que está sobre o trono. Você não pode contemplar, mas há anjos sorrindo de contentamento. Há um movimento no Reino dos céus. Suas lágrimas, depositadas em valiosas taças, são agora apresentadas a Deus.

Enquanto você continua de joelhos, o Pai dirige seus olhos para o lugar onde você se encontra, talvez um quarto pobre e escuro. Ele vê você por dentro. Olha sua alma e toda a sua vida. E concorda que seu pedido é justo. Aproxima-se agora a hora decisiva!

De repente, os anjos param. Calam-se todas as vozes celestiais. Então, o Senhor põe-se de pé e libera uma palavra de autoridade, e, junto com essa ordem, o milagre acontece.

Assim ocorrem todas as ações de Deus. É Ele quem autoriza pessoalmente a resposta de nossa oração. É Ele quem fala com a natureza diretamente e visita o coração humano mais incrédulo e hostil. A seu dispor estão anjos e homens. Todos obedecem ao comando de sua voz.

Ele ordenou que alguns corvos sustentassem Elias junto ao ribeiro de Querite. Então, as aves levavam ao profeta pão e carne fresca pela manhã e ao anoitecer. É a palavra que sai da boca de Deus que muda as circunstâncias. Esse é o mecanismo dos milagres.

A Bíblia nos apresenta o caso de um homem que tinha essa compreensão. Era ele comandante do exército romano, acostumado a uma vida de hierarquia. Ele se apresenta a Jesus intercedendo por um de seus servos, que estava com uma grave enfermidade. Porém, quando o Senhor avisa que irá atendê-lo indo pessoalmente a casa, o centurião suplica a Jesus que não faça isso. Ele não quer incomodar o Mestre. Precisa apenas de uma palavra.

Jesus fica maravilhado com tamanha fé e, como resposta, diz ao homem: "Vai, e como creste te seja feito." Diz a Bíblia que precisamente naquela hora o doente sarou (Mt 8.13).

Aquele estrangeiro havia entendido a razão de ser dos milagres de Jesus. Sua fé não estava centrada numa intercessão eloqüente nem na presença física do Salvador. Ele sabia que os milagres resultam de uma ação direta de Deus por meio de sua palavra. É assim que o Senhor irá agir em sua vida.

Embora você deva orar, jejuar e viver em santificação, não é nada disso que lhe garante o milagre. Este acontece porque há alguém do outro lado que age em seu favor. Quando você confia de todo o seu coração, o Senhor se levanta de seu trono e ordena que aconteça como você crê. Então, a força criativa da palavra de Deus produz o milagre.

Se o problema for doença, o Senhor falará diretamente ao órgão afetado e dirigirá sua voz a cada célula de seu corpo. Ele dirá: "Coração cansado, fortalece-te agora!" E seu coração baterá como se fosse a primeira vez. Dirá: "Pulmões, ouvi minha voz e recebei vida!" E sua capacidade respiratória será semelhante à de um atleta.

Caso, você esteja orando por um parente descrente, mergulhado nos vícios, aquela pessoa em cuja mudança ninguém acredita mais, o Senhor ouvirá suas preces e a seu tempo enviará o socorro.

Certo dia, quando tudo parecer seguir seu curso normal, o Senhor determinará a vitória. O Espírito de Deus virá sobre essa criatura de modo imperioso. E a ordem será: "Ó homem, hoje tu conhecerás que há um Deus no céu. Recebe o Espírito de santificação e de paz!" Quando o sol se pôr, você estará frente a frente com seu mais novo irmão em Cristo.

É assim que acontecerão milagres. Deus irá tratando uma a uma as áreas de sua vida. No tempo certo, o Senhor ordenará bênção sobre você. E, à medida que Ele determinar, as barreiras irão caindo diante de seus olhos. Saúde, recursos materiais, ministérios, crescimento espiritual: tudo se tornará novo quando a palavra de Deus for enviada.

Ezequias é outro personagem bíblico que experimentou a pessoalidade da fé. Quando Isaías anunciou-lhe que seu reino e vida terminariam em poucos dias, o rei virou seu rosto para a parede e fez uma oração de súplica.

Repentinamente, antes de o profeta deixar o palácio, a voz de Deus soou em sentido contrário. Então voltou Isaías, para dizer ao rei que o Senhor ouvira sua oração e lhe acrescentara quinze anos de vida.

Tudo se resolveu em poucos minutos. Primeiro, a voz divina veio como uma sentença de morte. Agora, a palavra de Deus anunciava que o rei ficaria são. Porém, mais que palavras, o importante é percebermos a ação divina por detrás da mensagem.

Certamente, quando o Senhor enviou o mensageiro é porque já havia determinado o cumprimento da profecia. A morte era certa. Todos os órgãos de Ezequias tinham recebido uma ordem de Deus para que parassem de funcionar em dado momento. Entretanto, a segunda profecia veio como uma contra-ordem. Como autor da vida, desta vez o Senhor falou ao corpo que este se mantivesse firme por mais quinze anos. Então a ferida mortal fechou, porque o domínio de Deus é capaz de ditar ordens até a coisas inanimadas. Mesmo sem inteligência, tudo ouve a voz do Senhor. Ele pode chamar mortos do sepulcro. Sua voz é poderosa para reconstituir um corpo apodrecido e devolver a alma já em descanso.

Assim acontecerá com você. Deus dará um brado, e nesse dia cessará o seu drama. Não importa a gravidade de sua situação. Não interessa quantas pessoas estejam envolvidas. O Senhor ignora tudo isso. A força criativa de sua palavra irá formar tudo novo.

Por isso, insisto que você deve ter um relacionamento pessoal com o Senhor. Quem apenas busca um milagre ou ter fé para recebê-lo, ainda não entendeu a essência da operação divina. Você não pode praticar uma fé isolada, como se por uma força mental as coisas acontecessem. Como primeiro requisito, está a compreensão de que há um Deus no céu. Um Ser. Pessoal. Inteligente. Alguém que controla tudo que existe.

Muitas vezes vejo o desespero no rosto dos que procuram um milagre. Há pessoas que vivem correndo ansiosamente em busca disso. Procuram igrejas e obreiros que possam ministrar-lhes uma oração especial. Há insegurança porque não conseguem fazer diferença entre Deus e as pessoas que Ele usa como instrumento. É uma fé sem alvo. É uma fé antropocêntrica, isto é, firmada no próprio homem.

Seja qual for sua dificuldade, esteja convicto de que na outra ponta da linha há alguém interessado em socorrê-lo. Por sua Palavra, Jesus nos instrui a pedir ao Pai em seu nome.

Exercite uma fé pessoal no Senhor. Ore com toda a convicção de que suas preces são recebidas diante de Deus. Descarte toda fé que se apóie em esforços humanos.

Encontramos ainda na Bíblia o exemplo de um oficial que foi a Jesus rogar a cura de seu filho. Diferente do centurião, esse homem exigia que o Senhor fosse pessoalmente ver o menino. Ele chega a apressar Jesus: "Senhor, desce, antes que meu filho morra". Como resposta, o Senhor disse: "Vai, o teu filho vive." E o homem creu na palavra que Jesus lhe disse e foi-se (Jo 4.50).

Enquanto caminhava apressadamente para casa, o oficial encontrou mensageiros que anunciaram que seu filho vivia. Então, ele indagou a que horas o menino ficara bom, e disseram-lhe que fora no dia anterior, às sete. Fazendo as contas, com surpresa, percebeu o oficial que fora, precisamente, a hora em que o Senhor ordenara a cura.

É assim: o milagre acontece no exato momento em que o Senhor ordena. Todos os grandes feitos de Jesus nasceram de uma palavra de autoridade. Essa palavra é a mesma que criou o mundo. Com sua soberania, não há nada que escape ao poder de Deus. Céu, terra e todos os seres criados estão debaixo de sua autoridade.

Por fim, para fechar este capítulo, quero avançar um pouco mais. Quero reforçar o que disse sobre a Palavra e levar você a entender que não é, isoladamente, a voz de Deus que produz maravilhas. Mas é o próprio Deus, em toda a sua existência, quem trabalha por nós.

Ainda hoje, muitos buscam um milagre de Deus em campanhas-relâmpago. Alguns, sem compromisso com a salvação, acreditam que podem praticar uma espécie de extorsão celestial. Agem como se as manifestações da parte de Deus fossem fenômenos isolados da fé. Como se, pelo sacrifício pessoal, o crente pudesse mover automaticamente a mão de Deus. Todavia, segundo as Escrituras, o Senhor é a causa primária de todas as coisas. Vejamos novamente o exemplo de Lázaro.

Quando Jesus chega a Betânia, Marta lamenta que Ele haja chegado quatro dias após a morte de seu irmão. De imediato, o Senhor responde que, se ela cresse, veria a glória de Deus, pois Lázaro haveria de ressuscitar. Ela reage positivamente.

Entretanto, quando se aproxima a hora do milagre, Marta revela incredulidade. Ela adverte ao Senhor que a sepultura exala mau odor e que só acredita numa ressurreição final. Então, Jesus esclarece definitivamente a fé, dizendo-lhe: "Eu sou a ressurreição e a vida".

Em outras palavras, o Senhor estava declarando: "Olha, Marta, a ressurreição não acontecerá, simplesmente, porque será liberada uma ordem. Quero lhe dizer que a Palavra é a manifestação de algo maior, que é meu próprio caráter. *Eu sou* a própria ressurreição e a vida, de modo que você não precisa esperar o dia final para ver seu irmão reviver. Estando eu aqui, chegou a ressurreição. Portanto: Lázaro, vem para fora!"

Se Jesus quisesse, poderia ter enviado uma ordem de cura quando lhe avisaram sobre o estado de Lázaro. Todavia, para Ele a morte é apenas um sono. Ele preferiu realizar um milagre maior para que os judeus cressem nEle.

De qualquer forma, fisicamente longe ou de corpo presente, a palavra liberada carregou consigo a essência do próprio Deus. Como diz o salmista, porque o Senhor falou, tudo se fez. Ele mandou, e tudo apareceu (Sl 33.9).

Eu não sei qual sua privação. Mas espero que a leitura deste livro lhe esclareça muita coisa. Eu oro neste momento por você. Suplico ao Pai que você tenha descoberto neste capítulo a essência da verdadeira fé. E que isso não seja apenas um conhecimento teórico, mas uma prática de vida. Acredite, você não está só.

A fé é instrumento indispensável, mas apenas um instrumento. Acima de tudo, há um Deus. Pessoal. Inteligente. Amoroso.

Ele está do outro lado.

CAPÍTULO 8

Ave de rapina

Você abre a Bíblia para estudar sobre Deus. Porém, lá, bem no início de tudo, quando você ainda está se maravilhando com a glória da criação, alguém rouba a cena: é Satanás, que se apresenta camuflado de serpente entre as árvores do jardim. Ele vem para manchar a obra-prima de Deus, e consegue.

A partir daquele dia, essa criatura tornou-se o principal inimigo da fé. Como vimos no Capítulo 3, seu papel desde o Éden é inverter todo conhecimento que o homem possa ter em relação ao verdadeiro Deus.

Portanto, antes de seguir falando sobre fé, quero lembrar-lhe que ao decidir crer em Deus você entra num campo de batalha. Como você penetra o mundo espiritual, fatalmente, Satanás se levantará para arruinar sua confiança no Senhor.

Na Parábola do Semeador, Jesus nos ensina que, tão logo a Palavra é semeada, imediatamente, apresenta-se o Adversário para arrebatar o que foi plantado no coração humano. Ele não dá tempo para a semente germinar, pois sabe que a Palavra produz fé, e que esta, além de glorificar a Deus, abençoa nossa vida.

Porém, segundo Jesus, é a falta de conhecimento da Palavra que proporciona a ação do Adversário. E essa falta de conhecimento deve-se a questionamentos que deixamos surgir no caminho da fé.

Enquanto a Palavra tenta nos guiar para o Reino de Deus e nos ensinar as leis espirituais, o Inimigo trabalha no sentido de explicar materialmente a fé. Ele nos puxa para baixo e reduz nossa expectativa ao alcance de nossos limitados sentidos.

Ao ler a Palavra, você começa a entender que ao Senhor tudo é possível. Você aprende que, se acreditar nEle como DEUS, milagres acontecerão. Desse modo, você passa a rejeitar suas próprias expectativas, substituindo-as pela soberania de um Senhor Todo-poderoso. E o que faz o Inimigo?

Ele aparece para confundir. Ele vem para lançar dúvidas em seu coração, e usará como argumento as velhas leis da natureza.

Por exemplo, se seu caso for enfermidade, embora todos os médicos hajam dito não a seu problema, pela Bíblia, você entendeu que a última palavra pertence ao Senhor. Você crê, pois sabe que Deus é o autor da vida, e está determinado a confiar nEle a qualquer custo. Satanás não gosta disso e entra em ação, disposto a convencê-lo do contrário

Então, um dia você encosta a Bíblia e procura um lugar solitário. Você quer pensar. E pensa muito sobre a gravidade de sua doença. Satanás acha isso excelente, porque poderá lhe incutir algumas mensagens opostas a fé.

Ele começa trazendo à sua memória tantas outras pessoas que já se foram com doenças de menor gravidade. Então, você concluirá que seu caso é, igualmente, de difícil solução. Considerando os exemplos que lhe ocorrem, na verdade, seu caso não tem jeito.

Se der lugar a esse tipo de sugestão, ao se levantar dali você será outro homem: de um crente movido pela esperança em Deus, agora teremos o retrato do desânimo e do medo.

Não conformado, você correrá para a frente do espelho. Olhará cada manchinha que a doença causou. Seu semblante agora está caído. Você apresenta olhos murchos e uma pele sem viço. Fisicamente, está provado que as coisas estão mesmo piorando.

Você está muito impressionado com o que vê, e o Inimigo procura persuadi-lo de que sua imagem é a única realidade e, como você está muito mal, a tendência natural é morrer.

É assim que Satanás atua. Ele lança dúvidas a respeito do que Deus fala em sua Palavra. Ele procura impressioná-lo com sua sensibilidade material. Se antes você estava pronto para declarar que o Senhor é aquele que pode levantar os mortos, agora já não consegue acreditar na cura de uma simples doença. Como tudo fica reduzido à matéria, não existe mais fé. Foi roubada a Palavra de seu coração.

De acordo com Jesus, o Inimigo veio para roubar, matar e destruir. Ele age exatamente nessa ordem. Primeiro, ele rouba nossa segurança em Deus. Nessa fase, trabalha ainda no plano subjetivo de nossa mente. Ele procura nos confundir, de modo que rejeitemos a verdade da Palavra, excluindo-nos de todas as promessas que ela contém. É como se o Inimigo dissesse ao crente: "É verdade! Já aconteceram milagres com outras pessoas, mas você não irá receber porque não tem fé suficiente ou, se tem, não é digno dessa bênção".

Olhe o que aconteceu com Jesus. Responda-me: Em que momentos Satanás atacou mais violentamente o Mestre? Resposta: Nas horas mais significativas de seu ministério, isto é, durante a consagração no deserto e nos instantes decisivos à crucificação, justamente quando mais precisava confiar no Pai. Não será diferente com você.

Tendo chegado até aqui, o Inimigo sabe que você já conhece muita coisa sobre fé. Ele não está satisfeito com tanto reconhecimento ao poder de Deus e vai procurar roubar tudo que você possui. Porém, este capítulo não foi escrito para amedrontá-lo, mas para lembrar que você irá vencer o reino das trevas.

Em seu intento destruidor, Satanás vai procurar desanimá-lo de todas as formas. Prepare-se! Virão sonhos, lembranças, desejos e, quem sabe, até visões que prenunciem seu fracasso. Faz parte da guerra. O Inimigo luta desesperadamente para vê-lo deprimido e longe da oração. Trabalha para que você esqueça essa idéia de fé e abandone a leitura da Palavra. Quanto mais você se aproximar de Deus, mais feroz e sagaz se mostrará o Adversário.

Quando Satanás perceber que não conseguirá vencê-lo no plano subjetivo, ele procurará intrometer-se em todas as áreas de sua vida. Então, à semelhança de Jó, você poderá ser surpreendido com problemas na família, nos negócios e até na igreja. A doença se agrava. O filho torna-se mais rebelde. Ocorrem acidentes com pessoas importantes de seu relacionamento. Chega o desemprego. Traições. Contendas. Enfermidades. Problemas na Justiça. Não se desespere! O Inimigo está perdendo a força. Se o cerco está apertando, é porque a bênção de Deus está às portas.

Veja o que o Diabo fez com o Filho de Deus. Inconformado com a derrota no deserto, ele usou Pedro para — com palavras carinhosas — dissuadir Jesus de ir à cruz.

Reconhecido e expulso pelo Senhor, o Inimigo então muda de tática — agora o silêncio — e com isso penetra o fechado círculo apostólico, escolhendo Judas, uma das pessoas em que Jesus mais confiava.

Todavia, como já afirmei, este livro não busca causar-lhe temor pelo Inimigo. Interessa-nos muito mais saber como podemos vencê-lo. Isso veremos agora.

Nossa primeira preocupação deve ser reconhecer o Adversário. Para isso, não esperemos que ele se apresente a caráter. O Inimigo é ardiloso, de modo que suas ações geralmente ficam disfarçadas. Para identificá-lo, devemos viver uma vida de oração, leitura da Palavra e, se possível, na prática do jejum.

É uma guerra espiritual. Portanto, você deve revestir-se da armadura de Deus, segundo Efésios 6. Isso lhe dará um perfeito discernimento e ousadia para enfrentar o Inimigo. Então você conseguirá perceber quem está escondido atrás da cena.

Contudo, antes de tratarmos da estratégia propriamente dita, vamos aqui fazer um pequeno reforço do que você tem lido.

Primeiro, seus sentidos naturais não devem impressioná-lo, porque a fé está acima de toda e qualquer possibilidade humana. Então, diga ao Adversário que você não anda guiado pela aparência das coisas. Você decidiu acreditar em Deus, e é Ele quem faz o milagre.

Se o Inimigo insistir com a idéia de que seu caso é muito grave, reforce o que vimos no segundo capítulo. Proclame que, uma vez tendo aceitado a Cristo, você crê em coisas infinitamente mais grandiosas que um milagre particular. Declare sua fé. Enumere quantas coisas tem recebido de Deus. Isso vai calar o argumento megalomaníaco do Adversário.

Afirme sua fé em Deus. Diga em alto e bom som que você não tem escolha: é crer ou crer, e você prefere acreditar em Deus a convencer-se do fracasso. Faça disso uma decisão irretratável. Não dê lugar ao Inimigo, pois qualquer sinal de dúvidas abrirá a porta para ele confundir sua confiança.

Vamos às armas! São elas a Palavra de Deus e a própria fé, que, por estarem interligadas, trataremos aqui conjuntamente.

A Palavra de Deus é uma das mais importantes armas que possuímos. Paulo a denomina "espada do Espírito" porque seu alcance transpõe a fronteira da matéria. Satanás, que é um ser espiritual, respeita essa arma. Ele sabe que por trás do texto esconde-se a personalidade de Deus, de modo que, quando pronunciada, a Bíblia fere o reino das trevas. Como verdadeiros jatos impetuosos de luz, a voz do Senhor aniquila o poder do Inimigo. Satanás não pode confrontá-la, fugindo desesperadamente.

Essa foi a arma de Jesus. Embora pudesse dialogar com o Inimigo (moda repugnante de algumas igrejas), o Senhor se manteve firme invocando textos precisos da Palavra. A cada investida do Adversário, uma palavra certa das Escrituras.

O comportamento de Jesus durante a tentação mostra-nos que é preciso conhecer a Palavra. Esta é o pensamento de Deus, que deve ser entendido e aplicado sobre as diversas áreas de nossa vida. Mesmo que lhe falte formação teológica, você deve estudar a Palavra diariamente e permitir conhecer o posicionamento do Senhor para sua vida.

Trata-se de uma guerra. E você não sairá atirando a esmo. Deve conhecer a arma e saber usá-la. Escrevendo a Timóteo, Paulo chama de obreiro aprovado aquele que sabe manusear bem a Palavra da verdade.

Note que Satanás é astuto e conhece o texto da Palavra mais que muitos doutores em Teologia. Percebendo que Jesus era conhecedor das Escrituras, o Adversário procurou confundir o Mestre. Usou a própria Bíblia para tentar o Salvador. Não se engane com versículos isolados. Mais do que conhecer o texto bíblico, você deve conhecer seu Autor pois isso lhe dará segurança.

Costumo dizer que em Direito muita coisa se resolve pela lógica, por um mínimo senso de justiça. Você pode nunca haver estudado leis numa faculdade, mas se pensar um pouco conseguirá encontrar resposta para muitas questões nessa área. Isso porque, como membro da nação, você tem uma idéia dos valores jurídicos que nos regem. Assim acontece com a Bíblia.

Talvez lhe falte mesmo instrução acadêmica, mas você deve conhecer o Autor da Palavra. Esse conhecimento lhe dará segurança, de modo que, mesmo tendo dificuldade para memorizar passagens bíblicas — porque absorve o pensamento de Deus —, está apto a rebater as setas do Inimigo.

Mas, para valer como arma, a Palavra de Deus precisa estar em nossa vida. Não pense que o Inimigo respeita algumas folhas de papel. Veja que a Bíblia pode ser encontrada nos centros espíritas e até em algumas sessões de umbanda. Portanto, não é o uso em forma de amuleto que trará poder às Escrituras. Não é a letra. A Bíblia é espírito e vida. Se você não abrir o coração, existirá apenas o texto.

Certo professor da universidade em que estudei, ateu declarado, confessou-me haver lido a Bíblia inteira, mas isso apenas lhe serviu para reforçar suas teses anti-Deus. Ficou ele com o conhecimento intelectual da Palavra, porém da mensagem nunca provou.

A Palavra de Deus é arma eficaz em nossas mãos quando nossa vida é moldada por ela.

A Bíblia apresenta o caso de alguns homens que tentaram expulsar demônios "em nome do Deus de Paulo". Ironicamente, Satanás retrucou: "Conheço a Jesus e bem sei quem é Paulo, mas vós, quem sois?" Desgraçadamente, foram aqueles homens perseguidos pelos demônios e, para salvarem a vida, fugiram nus.

Nossa arma de ataque é a Palavra de Deus, mas devemos vivê-la, conhecendo bem seu Autor.

No Salmo 91, está escrito que mil cairão ao nosso lado e dez mil à nossa direita. Por que essa diferença tão grande? A resposta é simples: nas guerras antigas, a espada era a arma principal e ficava na mão direita do soldado, enquanto o escudo ocupava o outro lado. Isso fala sobre o poder de ataque da Palavra. Com ela você pode derrotar o maior inimigo da fé.

Portanto, esteja de arma em punho. Fale a Palavra! Testifique sobre o poder de Deus durante as crises. Esqueça suas limitações e proclame o poder ilimitado da Palavra de Deus. Declare sua fé na revelação escrita.

Tenha em seus lábios sempre uma palavra certa. Se tentarem desanimá-lo, busque força na Palavra. Conte as histórias dos heróis da fé. Cite passagens encorajadoras, como o Salmo 23. Uma Bíblia temática lhe será de grande ajuda.

Transforme a Palavra de Deus na sua fala diária. Satanás não terá meios de chegar perto. Não espere o ataque, aja primeiro.

Para provar o poder da Palavra, você deve crer nela acima de qualquer suspeita, rejeitar todo ensino que vise a denegri-la. Deve considerar que ali está a voz de Deus.

Lembre-se: ao lermos a Palavra, adentramos o terreno da fé. Talvez não haja provas diante de seus olhos. É provável que algumas traduções tenham falhado. Quem sabe algum intérprete foi muito além do texto, chegando a invertê-lo. Por isso, não dê muita atenção ao que você não compreende. Peça revelação do Espírito. Creia na Palavra como porção de Deus.

O poder da Palavra começa dentro de nós. É esse o campo preferido do Inimigo. Se você duvidar, a porta estará aberta para a operação do erro. Muitas coisas ruins poderão lhe sobrevir durante o exercício da fé. Resista uma a uma.

Lembro-me de quantos fatos me acometeram durante a enfermidade que enfrentei. Em alguns dias, mesmo com exames revelando melhora, eu me via abatido. Dores musculares, fraqueza, tontura e tantas outras coisas. Logo uma voz silenciosa parecia me informar que não havia mais remédio, e eu me entregava à tristeza.

Quando abri os olhos espirituais, entendi que minha primeira providência era crer na Palavra de Deus. Ali estava dito que Jesus levou sobre si as minhas doenças e que suas pisaduras me curaram. Ali havia registros de muitos milagres, nos quais eu deveria crer de todo o coração.

Então, os exemplos de cura da Palavra foram me dominando. Eu podia me sentir como Ezequias recebendo vida junto ao leito de morte. Eu sabia que, se clamasse como Bartimeu, o Filho de Davi me atenderia. Eu não era menos digno de que os personagens bíblicos curados por Jesus.

Sabe o que aconteceu? Satanás bateu em retirada. Se antes ele podia vencer meus fracos argumentos de fé, agora, diante da Palavra, não havia revide. Eu cria em fatos que já haviam acontecido. Eu apenas aceitava o testemunho de Deus. À medida que agia assim, passava a crer que o mesmo Deus podia fazer um milagre em minha vida. E aconteceu!

Para fechar este capítulo, permita-me lembrar-lhe uma antiga história de fé.

Conta-se que certo homem, tentando intimidar uma velhinha crente, perguntou-lhe se, de fato, ela cria que uma baleia engoliu o profeta Jonas. "Certamente!", respondeu a anciã.

Sentindo-se a própria lógica, disse o homem: "Mas a senhora não sabe que a garganta da baleia é muito pequena, e que por esse motivo ela só se alimenta de sardinhas? Como poderia engolir um homem?"

Então veio a resposta da fé. Disse a velhinha: "Olha aqui, moço, eu creio na Palavra de Deus. Creio que, mesmo tendo a baleia uma garganta tão pequena, como o senhor diz, ela engoliu Jonas. E lhe digo mais: se a Bíblia dissesse que Jonas engoliu a baleia, ainda assim eu acreditaria".

É dessa fé que precisamos. Inabalável. Acima de qualquer investigação. Quando confiamos em Deus desse modo, Satanás começa a recuar. Cada investida lhe custará uma grande baixa em seu exército.

Crendo assim na Palavra, teremos fé, e esta há de ser um escudo capaz de apagar todas as lanças ardentes de Satanás. Não há argumento maligno que prevaleça quando invocamos a realidade espiritual de Deus. Então, o Adversário fugirá de nós. Fugirá porque sabe em quem temos crido.

CAPÍTULO 9

Um estilo de vida

Em minhas constantes pregações sobre fé tenho encontrado algumas pessoas que não se interessam muito pelo tema. Em sua maioria, são cristãos que têm uma vida arrumada e imaginam que, por isso, não precisam ainda se preocupar com o assunto. Todavia, mais que prudência, falta-lhes conhecimento sobre a natureza, aplicação e modo de operação da fé.

Do ponto de vista bíblico, a fé não deve ser uma experiência isolada do cristão, mas um estilo de vida. Ela deve estar presente em todos os nossos momentos, desde as grandes questões até a mínima coisa que desprezamos. Não podemos praticar uma fé segura se não a considerarmos diariamente.

Para muitos, a fé é um tipo de arma secreta que pode ficar anos sem utilização. Ou é algo que pode surgir repentinamente no meio da incredulidade. Puro engano, pois a fé não é uma espécie de fórmula mágica e só funciona se for exercitada diariamente. É um processo que deve seguir nossa vida inteira.

Somos chamados a crer todas as horas e não apenas no dia do sofrimento. Mesmo que tenhamos a solução, o Senhor deve ser buscado porque a Ele cabe a primazia de todas as coisas. Devemos nos apresentar a Deus ao primeiro sinal de dificuldade. Antes de uma opção, essa é uma boa forma de demonstrarmos o senhorio de Cristo.

Tendência comum, à medida que a obra de Deus se expande, há uma corrida a grandes projetos, em detrimento do acompanhamento pessoal ao rebanho. Deus não age assim. Ele nunca nos trata como simples números no rol de uma igreja. Muito embora sejamos contados em milhões, o tratamento do Senhor é sempre personalizado.

A idéia de uma fé aplicada restritivamente é prejudicial a todos. Enquanto pobres imaginam que Deus não se interessa com suas precisões modestas, ricos se tornam auto-suficientes e fazem do dinheiro um deus pessoal. São idólatras e dificilmente conseguirão entrar no Reino dos céus.

Talvez até tenhamos a solução para muitos de nossos problemas, mas nunca trabalharemos como Deus. Ele tem o projeto mais preciso. Na realidade, ao agir — mais que resolver uma questão — o Senhor estende sua bênção sobre nós. E isso nos garante prosseguir além da solução imediata. Fique alerta, porque pode chegar o dia em que ter dinheiro não fará diferença alguma. Então, só uma fé viva em Deus vai lhe servir.

Há algo muito errado em relação à fé, qual seja a tendência que temos de vê-la apenas como instrumento de bênçãos, o que termina por aplicá-la só a situações extremas de nossa vida.

Com muita inteligência, certa apresentadora de televisão perguntou a um pastor no Brasil por que a fé quase sempre está vinculada a coisas negativas, como pobreza, doenças e desemprego. E esta é a minha resposta: porque ainda não entendemos que devemos praticar a fé como um estilo de vida, de vida ligada a Deus todos os momentos — alegres e ruins. Isto fala de comunhão diária com o Senhor.

No final, é essa visão distorcida que produz os dois modelos acima. De um lado, ricos que desprezam a fé em nome da fartura em que vivem; de outro, pobres que imaginam um Deus insensível a pequenas coisas.

Como sabemos, a fé obedece à lei da semeadura. Assim como a partir de uma insignificante semente desponta uma árvore frondosa, é pelos nossos pequenos atos de fé que atingimos o excepcional. Se semearmos pouco, pouco também ceifaremos. Comecemos invocando a fé para solução de pequenos problemas, e estaremos prontos a vencer situações graves.

Essa semeadura se faz com atos corriqueiros do cotidiano. Desde o momento em que você acorda, a fé deve estar em destaque. E como primeira providência você deve limpar de seu coração qualquer idéia que revele medo, preocupação ou ansiedade. Depois disso, é agir por fé todos os instantes.

Durante meus anos de faculdade, eu enfrentava o ponto de ônibus mais concorrido do bairro. Quando chegava ali, por volta das 14 horas, já havia um verdadeiro batalhão, todos almejando embarcar e conseguir um dos últimos lugares — para ficar em pé. Eu olhava a cena, e, imediatamente, começava a visualizar a imagem de um transporte bom e confortável. E, assim, orando, punha-me a crer que seria o primeiro a entrar no ônibus.

Quando o transporte se aproximava, as pessoas corriam, acotovelavam-se, mas eu permanecia firme em meu posto. E o ônibus vinha... vinha... e parava bem junto a mim. Com um passo, de novo eu era o primeiro a embarcar.

Já no interior do carro, eu precisava ainda de fé. A viagem era longa, e eu queria assentar-me.

Seguindo a direção de Deus, eu escolhia uma cadeira e ficava ali junto, equilibrando-me no corredor. Mais uma ou duas paradas, o passageiro se levantava e eu, enfim, ocupava o lugar que havia contemplado pela fé.

Noutras ocasiões, o ônibus demorava demais. Eu olhava ao redor, e eis muitas pessoas preocupadas, murmurando, lamuriando a vida. Eu me lembrava da fé, e começava a orar. Logo o Espírito de Deus comunicava ao meu coração a visão de um carro se aproximando, e eu ficava calmo aguardando a resposta. Para meu espanto, o ônibus chegava nesse momento.

Você pode provar milagres diariamente. Quando orar, dirija sua oração ao lugar onde está o problema e, pela fé, contemple a solução. Se for demora do transporte, mesmo você não sabendo onde ele está, fique certo: o Senhor acompanha o itinerário do carro. Quando você realmente confiar em Deus, Ele dará uma ordem a seu favor, e o carro surgirá rapidamente.

O principal ganho de viver a fé como estilo de vida está na experiência.

Depois que você aprende que a confiança em Deus é capaz de resolver pequenas coisas, sua fé sempre aumentará. Então, invocando os milagres do passado, você irá galgando outros níveis de confiança no Senhor.

Em meus apegos à cura divina, muitas vezes tenho orado por pessoas com doenças no estômago e visto o Senhor operar instantaneamente. Já aconteceu tanto, que, deixe-me confessar, é onde tenho mais fé. Quando oro, lembro-me das incontáveis vezes que presenciei a ação divina, então nasce uma absoluta confiança que Deus vai agir. E assisto a mais um milagre.

Quando pequenos, meus filhos Rogério e Adriane sofreram muitas noites com insônia.

Sabendo que eu estava cansado, Adriane evitava chamar-me, só fazendo isso no último caso. Quando enfim tomava essa decisão, eu a encontrava acordada há várias horas, com os olhos completamente secos. Então, eu lhe perguntava:

— Você crê que Deus responde nossas orações e que ao orarmos virá sobre você um sono profundo?

— Sim, eu creio — respondia.

Então, mediante essa confissão de fé, eu ajeitava sua cama e punha-lhe o cobertor. E depois de uma leitura bíblica começava uma oração simples: "Ó, Senhor, segundo a tua Palavra, que nos garante que tudo é possível ao que crê, e a fé que esta criança tem em ti, eu te peço que agora faças descer sobre ela um sono profundo e tranqüilo. Afasta toda perturbação e envia teus anjos a este lugar. Venha agora a paz de Deus..."

Assim, meus filhos nunca me ouviram dizer amém. Com poucos segundos de oração, estavam adormecidos. Era sono na certa porque a experiência repetitiva fortalecera nossa fé.

Certamente, você não aprendeu a ler corrido como faz agora. Primeiro precisou conhecer o alfabeto e soletrar os fonemas. Porém, com o passar do tempo foi dominando o texto. Hoje, é capaz de ler apressadamente os cartazes de rua e quem sabe possui um curso de leitura dinâmica. Assim acontece com a fé.

Possivelmente, você já experimentou a intervenção divina. Pois bem, esse milagre deve significar uma referência para você viver. A partir dele, por menor que lhe pareça, Deus o convida a acreditar que coisas muito maiores podem acontecer. São essas imagens que o Espírito de Deus quer usar a seu favor.

Desde cedo experimentei a cura divina. Meu primeiro contato ocorreu no dia da conversão, aos quinze anos.

Resultado de minhas teimosias em partir lenha na infância, cedo adquiri uma hérnia. Porém, no dia seguinte à minha decisão por Cristo notei que havia desaparecido completamente aquele corpo estranho dolorido. Como testemunha silente, apenas uma cavidade profunda. Era o começo de uma grande escalada.

Doravante, entendi que Deus podia me curar de outros males, e passei a buscá-lo. Então, milagres foram acontecendo entre os parentes, na igreja e, sobretudo, em meu próprio corpo. Mesmo valorizando o trabalho médico, o centro de minha confiança sempre esteve em Deus. E vieram novos desafios.

Em 1993, uma gastrite nervosa me surpreendeu. Em poucas semanas, perdi vários quilos. Mal engolia os alimentos, e instalava-se uma crise de vômito e diarréia.

Uma noite, após o jantar, quando esse quadro se prenunciava novamente, clamei ao Senhor por livramento, e adormeci em meio à oração. Pela manhã, nenhum sinal de enfermidade. Apesar de um reforçado café, nenhum sintoma desagradável. Já em clima de festa, almocei feijoada nesse dia e, no seguinte, deixei-me servir por um prato tipicamente paraense: camarão com açaí. Até hoje nunca mais soube o que é gastrite.

Porém, o mais sério veio em 13 de outubro de 1995. Nesse dia eu descobri que sofria de uma doença pouco conhecida. Chamava-se anemia hemolítica auto-imune, causada por anticorpos frios. Isto significava que, por uma enfermidade oculta, meu sistema de defesa passara a fabricar células que, no afã de me protegerem do inimigo, terminavam destruindo glóbulos vermelhos sadios, resultando numa anemia severa.

Seis meses depois, os maiores especialistas que consultei me despacharam. Já era doença crônica, sem volta. A única forma de manter-me vivo era a ingestão de altíssimas doses de cortisona, medicamento paliativo que, em troca, produzia efeitos colaterais graves, principalmente a osteoporose.

Mas, graças a Deus, eu passara a vida inteira experimentando o poder da fé. Tinha visto Deus resolver coisas pequenas e médias e, agora, chegara o momento de presenciar um grande milagre.

Corri ao meu quarto para falar com o Senhor. Iniciava ali o período mais fértil de minha vida com Deus.

O Senhor veio a mim com grandes revelações. Praticamente, tudo isto que hoje escrevo nasceu ali, no leito de dor. Deus me fez lembrar das inúmeras vitórias que me concedeu. Comecei a contar suas bênçãos, uma a uma, num verdadeiro inventário espiritual.

Propus-me a continuar vivendo a fé no dia-a-dia. Enquanto não houvesse a cura da grave enfermidade, o Senhor deveria ser honrado com toda a minha vida. Assim, Ele continuou sendo o Senhor de tudo: coisas pequenas e grandes continuei a apresentar-lhe em oração. Foi nesse período que vi o maior número de milagres.

Então, o Senhor operou em mim. Enquanto os homens me desenganaram com seis meses da doença, o Senhor pôde curar-me três anos depois. Aqui estou, para testificar que vale a pena andar com Deus e viver a fé como estilo de vida.

Para concluir este capítulo, quero lhe apresentar outros fatos interessantes do meu cotidiano. Faço isso humildemente, apenas para fortalecer sua fé e como prova de que Deus também resolve coisas mínimas.

Conforme narrado no livro *Cura Divina — Promessa Atual de Deus*, que escrevi durante a enfermidade, um dos primeiros milagres que presenciei ocorreu em minha infância.

Havia em casa uma lâmpada fluorescente queimada há vários meses, motivo de reclamação constante.

Numa tarde, entendi pelo Espírito de Deus que, se eu cresse, a lâmpada haveria de acender. Desse modo, depois de declarar a fé aos presentes na sala, caminhei em direção àquele objeto e, com voz de autoridade, ordenei-lhe que funcionasse. No exato momento em que fiz isso, o ambiente encheu-se de luz.

Acabou o gás de cozinha. Como não tínhamos dinheiro, a solução era pedir um milagre de Deus. Depois da oração, toquei o botijão e, em nome de Jesus, ordenei que a preciosa substância abastecesse o depósito vazio. Em seguida, risquei o fósforo. Lá estava a chama novamente, azul, suficiente para algumas semanas de uso. Por falta de um sobressalente, troquei o botijão ainda com gás.

Quando retornei a Belém, em 1986, adquiri uma casa por intermédio de um corretor que eu não conhecera antes. Foi um negócio simples e tranqüilo. Agora, decorridos dois anos, resolvera vender o mesmo imóvel, e entendi que ninguém melhor que aquele profissional para fazer uma boa avaliação. Mas tinha um problema: desde a compra, nunca mais vira o corretor e ninguém sabia informar seu paradeiro. Só Deus poderia me ajudar. Por isso, na oração matinal que tínhamos em nossa igreja, apresentei a causa ao Senhor. E fiquei certo de que, até o pôr-do-sol, chegaria a resposta. E o dia passou rapidamente.

Quando faltavam alguns minutos para as seis da tarde, fui a uma panificadora próximo de casa. Para glória de Deus, ao sair dali, foi o corretor de imóveis a primeira pessoa que encontrei. Eram exatamente 18 horas.

Ele acompanhou-me, e fez a avaliação que eu queria. E sumiu de novo, até a presente data. O Senhor havia respondido à oração quando eu dissera: "Deus, não sei onde está esse homem. Mas o Senhor o vê agora. Por favor, ponha-o à minha frente antes do anoitecer".

Eu poderia seguir, mas creio que temos o suficiente para o propósito deste capítulo. Meu único objetivo é demonstrar como a fé alcança coisas grandes e pequenas. E levá-lo a fortes experiências com Deus.

Se você tem andado longe dessa realidade, quero convidá-lo a viver a fé a partir de hoje.

Leve suas necessidades a Deus. Comece a apresentar-lhe as mínimas coisas de seu dia, e prepare-se! Milagres ocorrerão perante seus olhos. Mais do que nunca você perceberá a presença de Deus a seu lado. Então, da pequena semente da fé, despontará uma árvore frondosa.

Capítulo 10

Servos acima de tudo

Quando começamos a falar sobre fé, há uma tendência à exaltação humana, como se o milagre fosse produto de nossa força. O orgulho tem destruído grandes homens de Deus. Se não vigiarmos, a descoberta da fé fará de nós pessoas auto-suficientes, o que culminará em total fracasso. Por esse motivo, depois de vermos a fé como instrumento diário de bênçãos, quero aqui frear um pouco os testemunhos e relembrar o papel que ocupamos na hierarquia divina.

Um pouco mais à frente, veremos que, apesar da necessária manifestação de Deus, o Senhor Jesus nos credenciou a usar a autoridade de seu nome. Dessa forma, embora seja Deus o autor dos milagres, cabe a nós declararmos a fé, o que significa ordenar que as coisas aconteçam. Mas há limites.

Para alguns, a fé tem vida autônoma, sendo o milagre fruto de nosso querer. Isso acontece todas as vezes que o nome de Jesus passa a representar uma ferramenta mecânica; quando a decisão está conosco, cabendo a Deus executar nossas ordens. Por conta disso, encontramos crentes determinando altivamente que o Senhor faça isso ou aquilo, numa verdadeira afronta à soberania divina.

Algumas igrejas transformaram o evangelho numa espécie de cartão de crédito celestial, cabendo a Deus sempre obedecer a seus senhores.

Entretanto, a fé caminha de mãos dadas com a humildade. Por trás de quase todos os milagres bíblicos encontramos homens submissos. Mesmo que tenhamos fé suficiente a transportar montes, nada disso provém de nós. Nossa postura diante de Deus deve ser marcada pela simplicidade. Devemos reconhecer que o Senhor está acima da fé e de nossos mais justificados interesses. Ao contrário do que alguns insinuam, a herança da cruz não representa qualquer tentativa de altivez em relação ao Criador. Temos direitos, sim, mas segundo os méritos de Cristo.

Em seu ministério, Jesus se deparou com alguns falsos seguidores. Eram pessoas somente interessadas nos milagres que Ele realizava. Sempre estavam à volta do Mestre por causa de uma cura física ou da provisão material. Isso não é fé, pelo menos na verdadeira acepção bíblica.

Hoje, há uma corrida aos templos. Mas, infelizmente, grande parte das pessoas está mais interessada em resolver suas questões pessoais. Elas querem dinheiro, felicidade sentimental e curas. Quando ouço o testemunho desses crentes sinto arrepios, pois o depoimento se resume a enumerar bênçãos que alcançaram participando de campanhas específicas. Para esses, Deus vale pelo que Ele pode ofertar, não pelo que é.

Sinceramente, observando o comportamento de algumas igrejas, não tenho dúvida em afirmar que não há nada de cristianismo ali. Prega-se prosperidade como mensagem central da fé, esquecendo-se de que o próprio Jesus foi uma pessoa humilde desde o nascimento.

Ninguém se confunda com a experiência pessoal porque ela nem sempre indica um acerto. Como trato no livro *O Rapto — O Arrebatamento da Igreja*, o Dia do Senhor revelará muita gente enganada por falsos milagres.

O mecanismo dessa crença barata quase sempre são "campanhas" ou "correntes". Depois que elas minaram nossas igrejas, o templo deixou de significar um lugar de culto, para ocupar o papel de banco celestial. Crentes lotam as igrejas para tentar extorquir a Deus e tirar proveito da fé.

Durante muito tempo eu ansiei por templos abertos diariamente. Mas, hoje, confesso que na maioria dos casos estou decepcionado com a qualidade das reuniões. Entre abrir as igrejas o dia todo para anunciar uma prosperidade antibíblica e deixar os templos fechados, só organizando um ou dois cultos semanais que apregoem a mensagem de salvação, fico com esta hipótese.

Antigamente, as pessoas se convertiam e abandonavam o mundo. Hoje, como não se prega sempre o evangelho pleno, existem igrejas superlotadas de gente sem compromisso com Deus que, infelizmente, permanece em seu mundo de pecados. Isso, claro, com o olhar aquiescente da liderança, de igual modo interessada num bom caixa.

Nesses lugares, pouco se fala de salvação. Líderes pregam a mesma mensagem a crentes de vinte anos de fé e àqueles que ainda não conhecem a Cristo. Num salto por sobre a Bíblia, os púlpitos anunciam que Deus tem idêntica promessa de bênçãos para crentes e descrentes, e desse modo o Reino dos céus passou a significar um grande balcão de negócios, cuja prosperidade mesmo só existe nas contas milionárias dos falsos obreiros.

Como resultado, hoje a palavra fé é um dos termos mais banalizados. Ele está na boca de todos, sobretudo dos que ingressaram recentemente e que vêem as igrejas como um meio de enriquecimento pessoal.

É impossível servirmos a Deus e ao mesmo tempo condicionarmos nossa fidelidade a algum bem procurado pela fé. Deus é nosso maior tesouro. Aquele que teve um encontro real com Ele não negocia sua crença.

Se você é servo de Deus, não se preocupe: é impossível o Senhor não abençoar o justo. Ele vê nossa vida por inteiro. Conhece nossas fraquezas e também nosso desejo de servi-lo. Quando o Senhor decide abençoar-nos, faz isso baseado em sua presciência. De um relance, Ele cruza nossa vida desde o ventre materno até o último suspiro e, baseado no significado que o Reino de Deus tem para nós, ordena suas bênçãos.

Diferentemente, as campanhas mágicas de algumas igrejas produzem crentes instáveis. São pessoas cuja permanência na fé dependerá sempre do que arrancarem de Deus. Se houver prosperidade, elas estarão prontas a testificar publicamente. Caso contrário, voltarão ao mundo de onde nunca saíram definitivamente e, talvez, por essa falsa concepção de vida cristã, nunca poderão provar uma genuína conversão.

Imagina-se que por longas orações, afrontas a Deus e sacrifícios financeiros atrairemos a bênção do Senhor. Engano. Podem até acontecer coincidências. Quem sabe, chegará mesmo o dinheiro que se busca e a necessária cura, mas esses fatos isolados não atestam uma intervenção divina e nem garantem a presença de Deus na vida das pessoas. Existem milagres em vários lugares. Fique atento, porque nem tudo provém de Deus. O Juízo revelará muita gente enganada por Satanás.

Temos na Bíblia a história de Jó. Ao lado de Abraão, ele é um dos melhores exemplos de fé. Trata-se de alguém disposto a conservar a integridade a qualquer preço. Bens materiais, família e honra não puderam abalar a confiança desse homem. A diferença é que o patriarca conhecia a Deus e estava mais disposto a segui-lo a continuar rico. Em meio ao sofrimento que viveu, Jó permaneceu firme, sabendo que sua maior riqueza estava na comunhão com seu Criador: "Nu saí do ventre de minha mãe e nu tornarei para lá" (Jó 1.21), uns dos maiores discursos de fé que encontramos na Bíblia.

Exemplo igualmente excelente temos em Sadraque, Mesaque e Abede-Nego.

Juntamente com toda a província de Babilônia, esses jovens hebreus cativos foram convocados a se curvar perante a estátua de ouro que Nabucodonosor erguera no campo de Dura. Resistiram. Então, indignado, o rei deu um ultimato, concedendo aos rapazes a oportunidade final de lhe obedecerem à ordem, caso contrário seriam todos atirados numa fornalha ardente. Mais uma vez, eles não se amedrontaram, e suas palavras foram: "Eis que o nosso Deus, a quem nós servimos, é que nos pode livrar; ele nos livrará do forno de fogo ardente e da tua mão, ó rei. E, se não, fica sabendo, ó rei, que não serviremos a teus deuses nem adoraremos a estátua de ouro que levantaste" (Dn 3.17,18). Isso é maravilhoso!

Por que Deus não pode realizar tudo que pedimos? Porque Ele é um Deus de propósitos. Nada faz por acaso. Nossa humildade está em reconhecer que o conhecimento está com Ele, cabendo-lhe dirigir nossa vida com exclusividade.

Fato notório, dificilmente todos são curados. Mesmo em grandes cruzadas de milagres, findo o culto, observamos com tristeza algumas cadeiras de rodas voltarem ocupadas.

Deus está acima de nossa fé, e precisamos entender e compreender que só Ele tem o mais perfeito julgamento sobre nosso destino.

Como vimos, até nossa aparente tribulação é vista por Deus como canal de bênçãos.

Enquanto os apóstolos estranhavam o atraso de Jesus em atender seu amigo Lázaro, Jesus afirmava que aquela enfermidade não seria para morte, mas para glória de Deus. Exatamente assim: diferente de nós, o Senhor vê nossos problemas como uma excelente oportunidade de louvor ao seu nome. Diz a Palavra que todas as coisas cooperam para o nosso bem. Não será a falta de um milagre que afetará nosso amor pelo Senhor. Ele sabe todas as coisas.

Talvez você não compreenda isso agora. Isso se deve à própria tribulação. Durante a crise, quase sempre nossa visão é fraca. Até o grande João Batista, que proclamara a divindade do Filho de Deus, duvidou do Senhor quando chegou ao cárcere.

Costumo dizer que se Deus atendesse a todas as nossas orações seríamos os mais infelizes dos homens. Por quê ? Porque, conforme disse Jesus, não sabemos pedir convenientemente. É preciso o Espírito Santo entrar em cena e filtrar nossas orações. Diz a Palavra que Ele intercede por nós com gemidos, a fim de que o Pai somente nos conceda o que de fato representar bênção para nossa vida. Deixe-me exemplificar isso.

Pode ser que você, insistentemente, há muito esteja pedindo um carro ao Senhor, e talvez sua oração não considere o propósito específico de Deus para sua vida quanto à melhor ocasião para isso ocorrer. Você pede o carro, porém nada acontece. Mas, se você insistir, começar a reivindicar a herança do Calvário, jejuar, fizer votos e sair determinando isso e aquilo, talvez o carro chegue, mas traga no porta-malas um mundo de problemas que você jamais imaginou.

Amanhã, alguém que aja assim poderá ser surpreendido por acidentes graves, ladrões e outras situações adversas. Tudo evitado, se Deus fosse considerado como Senhor.

Lembre-se: Deus fará sempre o melhor por nós. Ele é um Pai de amor. Jesus disse que, se nós, que somos maus, não negamos bens a nossos filhos, muito mais Ele nos dará suas eternas bênçãos.

Quando eu orava pela minha cura, a voz do Espírito Santo me perguntava com insistência: "Para que você quer viver?" Então eu entendia que, por detrás da saúde que Ele me daria, havia um propósito. Ele queria me sarar, mas era preciso que eu entendesse o milagre dentro de um plano divino para minha vida.

Cada oração respondida tem um propósito definido. Como diz Morris Cerullo, não há coincidências em Deus. Ele age sempre na ocasião certa, e suas ações têm um intento específico.

Caro leitor, este é um livro sobre fé, e sei que Deus tem falado profundo a seu coração. Mas, acima de tudo, meu compromisso é comunicar a verdade bíblica integral, por isso vou um pouco além: Quero que você creia verdadeiramente em Deus. Meu objetivo é levá-lo a ver a fé como parte de seu relacionamento pessoal com Ele.

Depois desse maior milagre, sua vida será invadida pelo poder de Deus. E coisas extraordinárias acontecerão.

Capítulo 11

Diga ao povo que marche

No Capítulo 7, vimos que todo milagre é fruto de uma ação divina. Aprendemos que, quando de fato cremos no Senhor na condição de Deus, Ele dá uma palavra de ordem, e as coisas acontecem. Agora, quero apresentar o outro lado da moeda. Quero tratar o agir do ponto de vista humano, mostrando que, além de simplesmente crer — no sentido intelectual da palavra —, Deus exige que tomemos determinadas atitudes. Portanto, falaremos do aspecto prático da fé.

Reconheço que em muitos casos a fé tem sido desvirtuada, e isso se deve a uma visão por demais espiritualizada de nossa crença. Certas pessoas imaginam que tudo ocorrerá por meio sobrenatural, isto é, que milagre é algo que Deus fará sozinho no seu Reino espiritual, representando a fé apenas um sentimento. Para quem pensa assim, ter fé implica viver um estado de passividade.

Conta-se que um alpinista, desejoso de alcançar sozinho o topo de uma elevada montanha, resolveu partir sem companheiros a uma perigosa aventura.

Depois de um dia inteiro de escalada, não tendo onde acampar, decidiu o homem seguir seu caminho em meio às trevas da noite. E, assim, com muito esforço, começou a aproximar-se do topo.

De repente, ao subir por um caminho estreito, o alpinista precipitou-se nos ares, vindo a cair numa velocidade assustadora. Agora, enquanto seu corpo era empurrado vigorosamente ao solo, sua mente vagava entre bons e maus momentos que vivera, e teve medo da morte. Mas, felizmente, a corda presa a seu corpo estava bem firme e, depois de forte solavanco, o homem ficou dependurado no ar.

Desesperado, o alpinista lembrou-se de Deus, clamando por socorro. Em resposta, ouviu-se uma voz, que dizia:

— Realmente, você crê que eu posso salvá-lo?

— Sim — respondeu o homem.

— Então, corte a corda!

Foi um choque! O alpinista ficou em silêncio, pois, apesar de crer em Deus, cortar a corda significaria para ele uma sentença de morte. Então, tratou de segurar-se mais firmemente. E ali ficou a noite inteira.

Pela manhã, a equipe de resgate encontrou o alpinista morto, congelado pelo frio da noite, com as mãos presas à corda, e a apenas dois metros do solo!

Biblicamente, ter fé significa agir e não somente aceitar possibilidades. Não podemos dizer que confiamos em Deus se não temos coragem de aceitar desafios. Exceto atos de exclusiva iniciativa divina, a maioria esmagadora dos milagres bíblicos nasceu a partir de uma atitude humana de fé.

Assim acontecia com o povo de Israel. Ele estava encurralado por faraó e, à primeira vista, não havia mais o que fazer. Assim estavam os hebreus: à frente, um mar intransponível; atrás, o poderoso exército do Egito.

Moisés, como porta-voz, foi levar a Deus a pesada murmuração do povo. Mas, enquanto a nação fugitiva esperava que Deus mudasse o curso das coisas, o Senhor ordenou que o povo mesmo continuasse marchando. Sim, Ele iria dar livramento, mas para isso Israel deveria andar com seus próprios pés. Então, à medida que caminharam em direção às águas, sob a ordem de Moisés, o mar Vermelho abriu-se como um leque, e o povo pôde atravessá-lo a pés enxutos.

Mais tarde, as muralhas de Jericó representarão o último e mais sério obstáculo à conquista de Canaã. Porém, o povo de Israel acredita que Deus pode dar-lhe novo livramento. E, movido por essa fé, dispõe-se a rodear a fortaleza por sete dias. No derradeiro, ao completar a sétima volta, os gigantescos muros da Cidade das Palmeiras vieram ao chão com a velocidade de um raio.

Estando à espera de um milagre, Deus exige que você tenha alguns comportamentos de fé. Caso contrário, talvez nunca chegue sua vitória. Isso nos fala de ousadia.

Hoje temos muitas pessoas confessando a fé, mas só um número muito reduzido está disposto a romper situações. Será que você teria coragem de comprar um lote de terra em plena guerra, sabendo que o povo dominador iria mandá-lo para o exílio e assenhorear-se de sua propriedade? Dificilmente, não é mesmo? Pois o profeta Jeremias fez isso. Em meio ao caos, ele ousou dar um passo de fé e pagou dezessete siclos de prata em obediência à ordem profética de Deus (Jr 32).

Lemos na biografia do pastor Argemiro Figueiró um belo exemplo também.

Esse homem de Deus, precisando muito de uma aeronave para o serviço missionário, e, por crer que Deus iria abençoá-lo, dirigiu-se ao lugar mais apropriado para esse tipo de bênção: um aeroporto. Ali chegando, dentre muitos aparelhos, observou um avião estacionado num hangar, sendo informado que o veículo pertencia a um empresário que morava a uns cem quilômetros dali. O missionário tomou nota do endereço e partiu em direção ao escritório do proprietário.

Ali chegando, o primeiro desafio foi ser atendido, pois o dono do avião estava muito nervoso e, segundo sua secretária particular, era quase impossível alguém ser recebido nessas circunstâncias, muito menos conseguir alguma coisa. O missionário não se importou com isso.

Quando enfim conseguiu entrar no escritório, depois de identificar-se, o servo de Deus disse ao empresário que tinha ido até ali para pedir-lhe o avião. Quase não acreditando no que ouvia, aquele homem trovejou:

— Doar?! O senhor está brincando! No mínimo eu poderei vendê-lo por uns cento e cinqüenta mil dólares!

— O senhor não entendeu — respondeu Argemiro, calmamente. — Eu não vim *comprar* o seu avião. Não tenho dinheiro algum...

E foi assim, nesse diálogo nada convencional, que poucos minutos depois o empresário abriu uma gaveta e entregou ao pastor todos os documentos da aeronave.

Graças a esse ato de fé, o ministério desse homem de Deus foi grandemente abençoado, servindo-lhe o avião por muitos anos de viagens em torno do mundo. Até que o Senhor lhe deu outro aparelho.

Vejamos outro caso.

Um servo de Deus começara um humilde trabalho para o Senhor na cidade de Kingston, Estados Unidos. Deus havia prometido abençoar seu ministério, porém, faltava-lhe muita coisa, principalmente um lugar para reunir os irmãos.

Um dia, depois de acreditar que chegara o tempo da bênção, o irmão saiu a passear pela cidade. Era linda! Prédios suntuosos lembravam cenas de Hollywood. De repente, ele pára diante de uma propriedade e fica admirando aquela que, certamente, é a mais extraordinária construção do lugar. Trata-se de uma bela mansão de tijolos, cercada por enormes áreas verdes

Surpreendentemente, nessa hora, a voz de Deus ressoa no coração do obreiro, convencendo-o a ir pedir aquele imóvel para sede de seu ministério. O que ele fará?

Ele dirige-se a essa casa decidido a reivindicar o que Deus lhe prometera. Aperta a campainha... Quando a porta se abre, fala o homem de Deus:

— Eu ia passando na rua, quando Deus falou ao meu coração que você deve me entregar esta casa para o ministério — comunica com firmeza.

— Graças a Deus! — exulta um rapaz. — Minha mãe faleceu e deixou-me este imóvel, mas os impostos são muito pesados, e eu não sabia mais o que fazer. Venha, vamos cuidar agora mesmo da escritura.

Deus honrou a fé daquele homem simples e, por sua coragem de acreditar em milagres, sua vida e ministério mudaram naquele dia.

Quase sempre o tempo de agir coincide com a hora mais difícil. É justamente quando não houver mais saída que Deus fará acontecer. Quando a doença se tornar fatal, o desemprego beirar à humilhação, a falência chegar e todos apostarem em seu fim é que você deve dar o passo decisivo.

Mas, por favor, isso não tem nada a ver com sacrifícios financeiros. Por falta de sabedoria, há gente que perdeu tudo que tinha. Entregou salário, carro e até a casa a obreiros mercenários. Desconfie sempre de pregadores que cobram sacrifício financeiro e, ao mesmo tempo, são eles que recebem a doação.

Biblicamente, a fé cresce no meio da crise. Da mesma forma como as estrelas reluzem na escuridão da noite, é no tempo da dor que Deus espera que deixemos mais brilhar nossa confiança nEle.

Em geral, ouvimos algumas pessoas confessarem que ainda não estão preparadas para servirem a Deus. Elas pretendem primeiro abandonar seus hábitos mundanos e, quando se sentirem seguras, buscarão a conversão. Mas todos sabemos que essa ordem está invertida.

Segundo a Bíblia, em primeiro lugar devemos crer, o que implica ir a Deus no estado em que nos encontramos. Então, a partir dessa atitude de fé, o Senhor dará outro rumo à nossa vida. Logo, se queremos crer apenas quando tudo nos vai bem, talvez nunca provemos um milagre.

Olhe o que acontece em todos os milagres bíblicos de cura e restauração. Depois de uma palavra de fé, geralmente segue uma ordem para que o necessitado faça alguma coisa.

Quando Jesus encontrou o homem que tinha uma das mãos mirradas, a ordem foi: "Estende tua mão". Na cura do paralítico em Cafarnaum, o Mestre foi mais exigente: "Levanta-te, toma a tua cama e vai para tua casa". E em todas essas situações o milagre aconteceu porque as pessoas estavam dispostas a agir. Pela deficiência, elas poderiam dizer ao Senhor que não podiam atendê-lo, mas porque acreditavam de fato, deram um passo de fé.

Agora perceba uma coisa: o milagre aconteceu justamente no momento em que essas pessoas agiram. Até então, tudo o que havia era uma crença interior. Mas, quando se dispuseram a tomar uma atitude, o milagre aconteceu. No primeiro exemplo, exatamente enquanto o homem estendia a mão atrofiada.

Talvez você tenha um problema, mas espere que o próprio Deus faça tudo.

Há pessoas, por exemplo, que ficam desempregadas e dedicam-se de modo integral à oração, e simplesmente esquecem de que precisam buscar trabalho. Elas querem ser abençoadas, todavia buscam uma solução totalmente sobrenatural. Como passam o dia inteiro envoltas em atividades na igreja e noutros lugares de oração, não lhes sobra tempo para a ocupação material. Então, ficam assim demoradamente, como se esperassem que um anjo lhes anuncie o necessário emprego. É claro que falta ação.

Porém, antes de seguirmos, quero explicar-lhe por que Deus opera sobremaneira na hora mais difícil. Isso é importante para que você, além de entender o mecanismo dos milagres, retire dEle qualquer culpa.

Observe, o sofrimento não agrada a Deus. Ele fez tudo certo, de modo que qualquer forma de infelicidade humana deve ser entendida à luz de nossa desobediência. Porque nossos pais foram negligentes no Éden, o mundo está marcado pela dor. Por que então Deus não age prontamente, reservando-se quase sempre à última hora? É simples: a razão está conosco.

Pela ótica de Deus, nem deveria existir problema, mas, em existindo, seu intento é nos acudir imediatamente. Ocorre que nós não cremos nEle de todo o coração enquanto houver uma saída por aqui. Até que todos os homens declarem-se incapazes em nos ajudar, ficamos vacilantes na fé.

Veja o que acontece com os milagres de cura.

Em geral, a medicina não despacha seus pacientes na primeira consulta. Mesmo se tratando de uma doença grave, segue uma prescrição. Então, somos levados a acreditar que há solução entre nós. Embora saibamos que Deus pode curar, não precisamos incomodá-lo. De certa forma, Deus é apenas uma alternativa, e preferimos centrar nossa atenção nos remédios.

Todavia, se mais tarde o homem confessar que nada pode fazer por nós, é como se acordássemos de um sonho. Passamos agora a entender que, embora devêssemos procurar a medicina, nossa falha foi não crer em Deus desde o início. Em conseqüência, corremos aos pés do Senhor e confessamos diante dEle que agora só nos resta sua misericórdia.

Assim aconteceu comigo. Enquanto os médicos me davam esperança, eu cria, mas estava muito descansado no saber humano. No dia em que um dos maiores especialistas do Brasil disse-me que o caso não tinha solução, corri para meu quarto e disse a Deus que, daquela hora em diante, eu considerava nula toda e qualquer sabedoria humana e estava disposto a crer nEle acima de qualquer possibilidade. Eu queria crer nEle como DEUS!

Posso imaginar que o Senhor, com sua voz amorosa, tenha dito: "Ó, meu filho, há muito eu esperava ouvir isso de sua boca. Você passou tanto tempo crendo mais nos homens e me desprezando. A tua cura estava à tua disposição antes que nascesses, mas somente agora, mediante tua decisão de crer em mim de forma plena, será possível o milagre".

A fé pode ser comparada a um grande projeto. Desde o dia em que você decide confiar em Deus, começam os primeiros atos dessa caminhada sem volta. Somente quem viver a fé desta forma no dia-a-dia estará pronto a tomar grandes decisões. O passo decisivo, como vimos no Capítulo 9, não nasce de uma hora para outra.

Na Bíblia, Josué e Calebe são exemplos desse tipo de fé programada. Desde a saída do Egito, esses dois homens tinham como projeto de vida a conquista da terra de Canaã. Por isso, depois de quarenta anos de sofrimento no deserto, encontramos nossos heróis de pé, conduzindo o povo a conquistar o chão prometido por Deus.

No princípio da jornada, impressionados, quase todos os espias enviados a conhecer o território foram unânimes em afirmar à liderança de Israel que era impossível dominar a terra, pois ela estava povoada por gigantes. Mas quando chegou a vez de Josué e Calebe relatarem a viagem, suas palavras encorajaram o povo a prosseguir porque estavam convictos da vitória. E foi assim, estimulado por apenas dois homens, que Israel conquistou seu território.

Para Josué e Calebe, a conquista da terra era fruto de uma vida inteira de fé. Eles sabiam que haviam alcançado agora a fronteira do plano divino e que era chegada a hora de avançar. Eles sonhavam com a prometida Canaã, e em seus corações tudo estava resolvido.

Mas por que esses dois homens foram tão valentes? Certamente porque eles haviam compreendido que a fé está muito além dos sentidos. Enquanto os demais espias só podiam ver o exterior das coisas, Josué e Calebe eram guiados por fé. Eles sabiam que as intervenções de Deus não estão presas às leis da matéria. Havia gigantes, sim, eles confessaram, mas nada era impossível se o povo verdadeiramente cresse em Deus. Como resultado dessa confiança, não somente Israel tomou posse da terra, como, dos adultos que foram contados no Sinai, esses dois homens foram os únicos a pisar a sonhada Canaã.

Por fim, quero deixar bem claro que, apesar de não podermos ordenar altivamente que Deus faça isso ou aquilo, devemos nos dirigir ao problema com voz de autoridade. Isso significa que não basta apenas crer, mas agir em nome de Jesus.

O Senhor falou sobre isso muitas vezes. No caso da figueira que secou, Jesus disse que se crermos faremos o que foi feito à árvore, e nada nos será impossível. Se ordenarmos que uma montanha se desloque, e em nosso coração não duvidarmos, assim acontecerá.

Comparo esse momento de fé ao ato de convidar pessoas à conversão. Assim como depois de uma mensagem evangelística deve-se seguir um apelo à decisão por Cristo, o momento de agir em nome de Jesus é o ponto alto da fé.

Se na presença de espíritos perturbadores, talvez só a oração não seja suficiente. Depois de crer que Deus é poderoso para expulsar demônios, deve aquele que ora ordenar, em nome de Jesus, que os espíritos se retirem. Igual atitude deve ter quem ora por enfermos.

Meu irmão, o Senhor deseja que você experimente seu poder. Todavia, para isso, você deve crer nEle acima de todas as coisas. Deve crer contra todos os prognósticos. Saiba que Deus não conhece limites e que, se você confiar nEle, nada também lhe será impossível.

Levante seus olhos para além deste mundo físico e veja, pela fé, a soberana operação de Deus. Não se importe com as pessoas. A maioria delas, além de não estar preocupada com a sua situação, não acredita em milagres. É você quem deve ir. É você quem deve viver a fé. O Moriá é seu, não adianta levar acompanhantes.

Eu quisera conhecer sua necessidade, talvez pudesse ter uma palavra mais direta. Porém, seja lá o que for que lhe aflige, saiba que é chegado o tempo de Deus para a sua vida. Você precisa tomar algumas atitudes de fé. Levante-se e marche. Ponha em prática tudo que tem aprendido sobre Deus e seu poder. Esta é a hora do agir. Esta é a hora do milagre.

Capítulo 12

Enquanto a bênção não chega

Depois de termos visto a fé como um ato de decisão, vamos tratar aqui sobre o que fazer durante a crise. Veremos que, ao contrário do que muita gente pensa, os dias de tribulação representam uma das fases mais ricas de nossa existência e devem ser vividos intensamente. E isso não apenas por querer aproveitar bem o tempo, mas, principalmente, porque o que fazemos durante esses dias pode determinar o milagre que esperamos.

Há uma lei na vida que não podemos ignorar: é a lei da dedicação. Tudo a que nos dedicamos tende a se aperfeiçoar. Desde uma pequena planta até o projeto científico mais audacioso, tudo, absolutamente tudo, evoluirá a partir de uma cuidadosa atenção. Isto também vale para o mal.

Se você tiver um problema e torná-lo o centro de seu mundo, não espere melhorias. A tendência natural é que a crise se agrave, pois, quando você passa as horas do dia mergulhado na dificuldade, é porque a elegeu como a coisa mais importante de sua vida.

Como conseqüência, você viverá deprimido durante o dia e, se conseguir dormir, sua mente reproduzirá em sonhos sua eleição.

Todavia, além do sofrimento que tudo isso lhe causa, o maior prejuízo está no campo da fé, uma vez que, estando à beira do desespero, dificilmente você conseguirá acreditar no poder de Deus. Como há um deslocamento de sua atenção, é mais fácil crer que tudo sairá errado. Cumpre-se aí a escolha de que falamos no terceiro capítulo.

Temos visto que a fé consiste numa inversão de valores humanos. Isto significa esperar uma resposta mesmo quando todas as portas estão fechadas.

Por sua vez, essa inversão deve ser extremamente prática, ou seja, vivida durante o dia-a-dia. Portanto, você deve permitir que sua rotina de vida seja alterada para melhor, de modo tal que até situações simples possam representar atos de fé. Aí, o primeiro passo deve ser ignorar a própria necessidade, preenchendo o tempo com atividades que lhe tragam edificação.

Então, se você está desempregado, em vez de ficar lamentando a sorte, Deus exige que você tenha uma postura ousada e utilize esse tempo para produzir bons frutos. Você pode orar mais, escrever, fazer um curso bíblico, aconselhar pessoas, orar por enfermos, visitar os encarcerados, etc. É assim, agindo positivamente, que você crescerá como pessoa e estará preparado para o milagre que se aproxima.

Quando adoeci, logo o ócio se apresentou. Ele veio para ocupar meu tempo integralmente.

Houve uma época em que, além de cuidar de minha família, eu cursava duas faculdades, tinha um emprego, era professor da Escola Dominical, tocava violão na igreja, regia um coral e estudava Teologia. Além disso, pregava quase todas as semanas e, nas horas de folga, dava aulas particulares de música.

Mas a doença mudou esse quadro. De repente, eu havia sido afastado de todas as minhas ocupações e fora mandado para repousar em casa. Isso era ótimo para o ócio.

Em casa, aparentemente sem nada para fazer, descobri que era um privilegiado, pois agora tinha o dia inteiro para estar com Deus. Decidi aumentar minha jornada de oração. Foi maravilhoso o que vivi nessa época. Enquanto as demais pessoas precisavam sair correndo para o trabalho, eu — ainda que abatido — tinha a meu dispor vinte e quatro horas para buscar ao Senhor.

Você não pode imaginar quanto recebi de Deus, mas lhe asseguro que esse tempo foi mais fértil que os dezoito anos de fé que antecederam essa tribulação.

Como citei, muitas vezes a rotina da casa seguia na cozinha e na sala, mas em meu quarto a glória de Deus era tão real que em alguns dias eu imaginava que iria ver o Senhor. Assim eu estava: por fora, um corpo moído pela enfermidade, por dentro, um homem renovado pelo Espírito.

Desse modo, ocupando meu tempo em oração, um dia o Senhor veio a mim e ordenou-me que escrevesse um livro sobre cura divina. Na obra, eu não deveria dizer que estava desenganado. Deveria apenas falar sobre seu poder de curar.

Então, mesmo sem entender bem os propósitos de Deus, obediente e movido por amor aos que sofrem, junto a meu leito comecei a escrever o livro *Cura Divina — Promessa Atual de Deus*.

O Senhor me trouxe profundas revelações, e eu fui escrevendo. E o extraordinário de Deus começou a acontecer: enquanto escrevia a mensagem para ajudar outras pessoas, o Espírito Santo começou a gerar mais fé em meu coração. Agora, à medida que o livro ia sendo escrito, sem que eu percebesse, meu corpo ia experimentando o poder restaurador daquEle que não conhece o impossível. Enquanto o livro estava sendo editado na CPAD, o Senhor me curava da anemia hemolítica. Quando a obra chegou às minhas mãos, eu estava perfeitamente sadio.

E o Senhor fez muito além do que eu pensava. Não só me curou, mas fez nascer um livro para abençoar muitas vidas. Desde que foi lançado, em 1999, tenho recebido testemunhos de cura de várias partes do Brasil.

Por direção de Deus, uma jovem senhora, católica, adquiriu o livro em Brasília. Havia em sua família uma necessidade especial de cura. Sua filhinha Jéssica estava acometida de uma doença de pele conhecida como penfigóide bolhoso, uma enfermidade autoimune que consiste na formação de grandes bolhas que se espalham pelo corpo e, que, se não tratadas a tempo, podem causar sérios riscos. Alguns médicos apontavam um diagnóstico ainda mais severo: penfigóide cicatricial.

Graças a Deus, assim como no meu caso, o Senhor fez além do que Natália Carreiro podia imaginar. Vejamos seu testemunho:

> [...] é importante ressaltar que a cura que Deus nos proporcionou foi bem maior do que apenas curar a Jéssica. Deus curou a mim, a minha falta de fé; Deus curou o meu matrimônio, que andava cansado e desanimado; Deus curou meu marido, que hoje lê a Bíblia diariamente e dá testemunho das maravilhas que Deus realiza em sua vida. Enfim, Deus curou toda a minha família, que hoje experimenta a harmonia e a paz que só procedem do Espírito.
> A Jéssica está ótima. É uma mocinha linda de 13 anos, carinhosa, bem ajustada, enfim uma bênção de Deus.
> O livro *Cura Divina — Promessa Atual de Deus* foi um marco na minha caminhada de conversão, pois foi a partir daí que realmente passei a acreditar que as promessas de Deus eram atuais e poderiam ser alcançadas pela oração a qualquer momento.
> Hoje eu louvo a Deus pela doença que a minha filha teve, pois, não só eu, mas toda a minha família, reconhece o senhorio de Jesus em nossas vidas.

Voltando ao livro, deixe-me frisar: todas as minhas atividades eram feitas com muita alegria. Deus estava presente. Ele falava comigo todos os dias. Na verdade, como já referi, eu nem mais orava por minha saúde. A graça de Deus era tão abundante que eu queria era mais beber da fonte. Como Paulo, eu podia dizer: o viver é Cristo e o morrer será lucro.

Nesse tempo, inscrevi-me em dois concursos públicos para professor universitário, ambos com apenas uma vaga. Seria isso uma forma de ocupar ainda mais o tempo e demonstrar a todos — sobretudo a mim — que eu ainda estava vivo. E a vitória foi completa em ambos: fui aprovado em Direito Comercial na universidade do Amapá e nomeado professor de carreira de Direito Penal na Universidade Federal do Pará. O Senhor concedeu que um homem doente se sobressaísse a candidatos que ocupavam cargos de promotores públicos, mestres e procuradores.

Mas com essa atividade intelectual, o mover de Deus continuava sobre mim.

Foi desse modo que um dia o Senhor me despertou novamente. Eu ainda tinha a manhã inteira de folga, e Deus me fez ver que esse tempo seria melhor vivido em sua casa, pregando a Palavra. Mas como fazer?

Lembro-me que numa sexta-feira entrei no meu quarto para tratar com Deus sobre isso. Pedi uma resposta do céu naquela hora, e Ele respondeu de modo surpreendente. Então, encorajado pela resposta, disse-lhe: "Senhor, não sei como, mas, segunda-feira, começo a pregar a tua Palavra todos os dias".

Domingo, depois da exposição bíblica, um pastor que dirigia as reuniões semanais no templo chamou-me à parte e disse-me: "Irmão, enquanto você estava pregando, o Espírito Santo falou comigo para que eu o convidasse a vir ministrar a Palavra todas as manhãs aqui no templo comigo". Logo estaria eu pregando nos cultos matinais do templo central da Assembléia de Deus em Belém.

O Senhor me levou a ministrar sobre cura divina e o poder da fé. Nesse período, vi Deus restaurar muitas pessoas. O que ninguém sabia é que o pregador estava desenganado pela medicina.

Porém, isso não foi tudo. De uma só vez, meu pastor convidou-me a lecionar no instituto bíblico da igreja, a treinar professores da Escola Dominical e a ministrar a Palavra aos domingos em nosso templo-sede. Além disso, passei a apresentar um programa de rádio e ministrar aulas de língua portuguesa.

Esquecendo de meu próprio estado, aceitei todos os convites como um ato de fé, pois eu cria que ocupado na obra do Senhor a bênção da cura chegaria mais rápido. Podia ser que numa dessas horas em que eu estivesse ministrando a Palavra o poder de Deus também me alcançasse. Ou, se isso não acontecesse, só o fato de estar na presença do Senhor já era um bálsamo para mim. Ali, eu estaria pronto a receber um milagre ou a partir à pátria celeste.

Às vezes, nós paramos no tempo. Imaginamos que, pelo problema que nos atinge, o melhor é cruzar os braços. E aí podemos estar decretando nosso fim.

Se você abandonar suas atividades e passar a viver o dia inteiro em torno da tribulação, esteja certo de que dificilmente haverá saída. Pelo contrário, a atenção dispensada ao problema há de torná-lo um gigante indomável. Raramente vivendo assim você terá paz, pois logo a ansiedade e o medo tomarão conta de seu coração.

Uma das causas de nosso sofrimento é a visão ampliada que temos de nossa vida. Nossa mente fantástica pinta um quadro imaginário da nossa existência. De certo modo, é como se fôssemos ficar aqui para sempre. Isso é bom, e até necessário a uma vida saudável. Mas, se em contrapartida não soar a voz da realidade, essa visão terminará comprometendo tudo e fazendo-nos viver falsamente, sem consciência de nossa estada breve neste mundo.

A melhor forma de vivermos bem — com ou sem problemas — é mesmo vivermos um dia de cada vez. Assim, quando você acordar, dirija a Deus uma oração. Agradeça-lhe pela oportunidade que Ele te concede de viver mais uma etapa. Louve-o pela beleza do sol, pelo alimento e pelas pessoas que estão a seu redor. Peça-lhe direção em tudo, e siga em frente.

Quando a noite chegar, volte a falar com Ele. Agradeça porque um dia inteiro se passou e você voltou para casa. Apesar das dificuldades, você está vivo e, por isso, tem o maior de todos os tesouros. Diga-lhe: "Oh, Deus, muito obrigado pelo dia que se foi, por todas as coisas que me sucederam hoje. Agora, quando vou repousar, toma minha vida em tuas mãos. Eu só posso esperar em ti. Perdoa minhas faltas e guarda-me. Amém!" E durma profundamente.

De certo modo, quando dormimos, vivemos a morte em miniatura. Nenhum de nós tem certeza de que irá levantar-se no dia seguinte. A única coisa que existe mesmo é o instante presente. Não há mais o passado, tampouco existe o futuro.

Sempre que vejo a imagem de Stephen Hawking — genial físico da Universidade de Cambridge —, paralítico e mudo em sua cadeira de rodas, vítima de uma terrível doença neurológica, não encontro justificativas para lamentar meu estado, por mais desanimador que possa parecer.

É uma cena ao mesmo tempo chocante e desafiadora: ali está alguém a quem a ciência não deu mais que dois anos de vida (o que já foi superado há muito), porém uma das mais brilhantes inteligências que já tivemos, a ponto de ocupar a atual cadeira de Einsten e cujos estudos estão conduzindo a ciência à mais avançada compreensão do universo que Deus formou, em que o cientista crê.

Como então o recém-graduado por aquela famosa universidade conseguiu sair de um quadro sombrio para galgar o posto de maior físico contemporâneo? Certamente porque não se intimidou com os prognósticos para seus próximos dois anos e cuidou de trabalhar enquanto podia. Mesmo sem falar e dependente de uma cadeira de rodas, o cientista manteve-se ligado ao mundo através de um sintetizador de voz e um pequeno computador adaptado a seu assento indesejado, o que persiste até hoje.

É preciso entendermos que a vida é sempre atual. Enquanto escrevo este capítulo, só uma certeza tenho: estou escrevendo este capítulo. Não posso garantir-lhe que concluirei o livro. Nem você pode afirmar que chegará ao fim da leitura. A vida é o agora. Então, por que sofrer com um amanhã incerto?

Quando eu estava doente, havia um amigo de trabalho, jovem e crente, que sempre me encontrava com boas palavras. Nas raras vezes em que eu ia à repartição buscar meus contracheques, lá estava ele, sempre sorrindo. Ele vinha a meu encontro e me cumprimentava com um forte aperto de mão. Logo, interrogava sobre meu estado e, ainda que eu não tivesse boas notícias, ele era um retrato de otimismo: "Tenha fé em Deus, isso vai passar", dizia-me sempre com um largo sorriso.

Porém, numa manhã de domingo, o telefone tocou para avisar-me que Shiro Sasaki falecera na noite anterior e que seu sepultamento aconteceria dentro de poucas horas. Foi um choque. Eu não pude comparecer, pois estava muito debilitado e, além da fraqueza, tinha vergonha da minha palidez.

Foi uma morte inusitada. Meu amigo trafegava em seu carro. De repente, outro veículo colidiu com a traseira do carro dele, que, desgovernado, perdeu a direção ocorrendo o óbito.

Após um ano, eu, que estivera desenganado pela medicina, voltei ao trabalho. Porém, meu amigo, são e recém-formado em Direito, não estava mais lá para me receber.

Por isso, não vale a pena sofrer pelo que desconhecemos. Disse Jesus que o amanhã pertence exclusivamente a Deus e que basta a cada dia o seu próprio mal. Nosso papel é avançar sempre na fé.

Se você viver um dia de cada vez, tudo lhe será melhor. Primeiro, cada instante será motivo de louvor e santificação a Deus. Depois, seu relacionamento com as demais pessoas irá melhorar. A cada segundo, um milagre especial. Pensando assim, não há grande diferença entre o dia do sofrimento e qualquer outro dia.

É no dia da tribulação que Deus mais trabalha em nosso ser. Porque damos lugar ao Oleiro, nosso vaso é restaurado de muitas imperfeições, e por isso a vida há de ser melhor. Como escreveu Frida Vingren numa linda música: "Os mais belos hinos e poesias foram escritos em tribulação".

Apesar de não aprovar o sofrimento, Deus quer transformar nossa dor em belos frutos espirituais. Assim como a ostra sofre com o grão de areia que ingere, e desse sofrimento nasce uma preciosa pérola, o Senhor deseja que o período de nossa luta seja convertido num tempo excelente.

Veja como viveram os heróis da Bíblia. Eles foram pessoas de fé e também de muitas obras. Abraão, nosso exemplo maior, acreditava que Canaã era a Terra Prometida. Ele poderia acomodar-se e esperar que Deus lhe entregasse a herança que jurara dar à sua descendência, mas não era essa a conduta do patriarca. Pelo contrário, enquanto não chegava o tempo de Deus cumprir sua palavra, encontramos Abraão vivendo como uma pessoa comum em terra estranha. Ele comprava e vendia. Ele plantava e edificava.

Como sabemos, a profecia só se cumpriu muitos séculos depois. Enquanto isso, Abraão, Isaque, Jacó e seus descendentes seguiram o curso normal da vida.

Muitas pessoas acham que fé é algo que devemos cultivar somente na oração. Porém, de nada adiantará crermos, se transformarmos o nosso dia num muro de lamentações. Assim como conhecemos a saúde de uma planta pelo seu vigor físico, é através de nossos atos diários que a fé demonstra sua força.

É preciso você entender que fé não é sinônimo de sentimento. Não é apenas um pensamento sobre o que Deus pode fazer. Ter fé significa estar preparado a tomar atitudes no mundo, de modo que a força de Deus se manifeste em atos.

Lembra-se do paralítico de João 5? Ele é um dos mais extraordinários exemplos de fé porque pôde transformar sua vida num projeto diário do milagre que buscava. Lá estava o homem, enfermo havia trinta e oito anos, mas vivendo a cada manhã nova expectativa de ser curado. Quando Jesus chegou ao tanque de Betesda havia muitos doentes, mas foi a esse homem que o Senhor dirigiu sua atenção.

E você? O que faz durante a crise? Você imagina que sua vida terminou e que tudo está perdido?

Puro engano! Você está vivendo a parte mais interessante de sua história. Se você utilizar bem esse tempo, depois do vendaval, sua vida terá um ganho incalculável. Bom ou mau, este é o dia que o Senhor fez para você. Procure vivê-lo de modo que haja proveito em qualquer situação.

A Bíblia diz que a tribulação produz esperança, mas isso dependerá sempre do modo como enfrentamos as adversidades, pois sem fé em Deus só haverá medo e desânimo.

Estar animado é um dos principais requisitos do milagre. Cabisbaixo e lamuriando, dificilmente alguém será alcançado pela fé. Olhando a Bíblia, nota-se que o bom ânimo sempre esteve com aqueles que superaram desafios.

Chegou o seu dia! Deixe para trás todos os seus temores. Você decidiu crer em Deus, então lance sobre Ele todas as suas ansiedades. Agora, levante-se e refaça sua agenda de ocupações. Sua vida deve ser mais agradável a Deus que antes da crise chegar.

Viva. Viva quanto e como puder. Se possível, faça uma viagem, reencontre aquele parente querido que você não vê há muito tempo. Esteja em todos os cultos. Se você não pode se mover, assista a bons filmes, leia coisas edificantes. Ria. Seja solidário. Interceda pelas pessoas. Proclame que, acima de toda tribulação, há um Deus que vive em seu coração e que você crê nEle. Então, as portas da fé estarão abertas. E, quando a crise se for, restará uma pessoa mais amadurecida e feliz.

Capítulo 13

Ele me glorificará

Além de o milagre ser fruto de uma ação direta de Deus, que traz à existência o que lhe pedimos, outra grande diferença em relação ao conceito comum de fé encontra-se no papel que o Espírito Santo ocupa nesse processo.

Muitos de nós ainda imaginamos que precisamos orar para convencer a Deus sobre determinado assunto. De certa forma, embora reconhecendo que é o próprio Deus quem age, parece-nos que buscar o milagre é tarefa que devemos desempenhar sozinhos. Por isso a fé se transforma num fardo muito pesado.

Primeiramente, entenda, por mais santos que sejamos, a fé não é produto de nenhum ser humano. A fé é uma convicção que o Espírito Santo faz nascer em nosso coração, no sentido de acreditarmos que Deus é suficientemente poderoso para realizar o milagre que buscamos.

Esse trabalho do Espírito Santo é resultado da obra de Jesus. O Senhor prometeu que, uma vez tendo cumprido o ministério da cruz, rogaria ao Pai a fim de que nos enviasse outro Consolador, que ficasse conosco para sempre e viria para convencer o coração humano acerca da obra do Salvador.

Depois da ressurreição do Mestre e de sua estada por cerca de quarenta dias com os discípulos, os céus se abriram para receber o Senhor glorificado. Vamos imaginar a cena?

É festa no Reino celestial! Milhões de anjos anunciam a chegada vitoriosa daquEle que desceu à Terra para restaurar a ordem da criação. O espaço infinito do céu está tomado de glória. Há luzes, cores e sons que nenhum mortal jamais imaginou. O Pai está de pé para coroar aquEle que regressa vitorioso da batalha.

Lá, no início de um grande tapete de flores brilhantes e maravilhosamente perfumadas, um ser acaba de pisar. É o Senhor que vem sob o cântico esfuziante de anjos que se prostram perfilados e aplaudem seu retorno. Ele vem receber das mãos do Pai um prêmio pela obra que mudou definitivamente o destino da humanidade.

Chegando diante do Pai, Jesus fala de seu ministério entre nós. Mostra que sua partida entristeceu os discípulos e o quanto eles sentem-se desprotegidos no mundo. E nesse momento, o Mestre roga que o Pai envie o seu Espírito sobre a Igreja a fim de manter viva a obra da cruz.

E assim acontece. Enquanto cento e vinte discípulos estão orando no Cenáculo, o lugar da reunião é visitado pelo Espírito Santo. Ouve-se o som de um forte vento e pequenas tochas repousam sobre cada um dos seguidores de Cristo. O resultado é imediato. Aqueles cristãos se erguem com autoridade e, abrindo a porta da casa, ganham três mil almas para o Reino de Deus.

Hoje, passados dois milênios, o Espírito Santo continua atuante. Quando você busca um milagre, Ele entra em cena desde o primeiro momento, tentando convencê-lo de que Jesus é poderoso para realizar o impossível. Ele faz nascer fé em seu coração e o anima com esperança. Então, todas as vezes que você lê a Palavra ou dobra os joelhos, o Espírito Santo se põe junto, a fim de instruí-lo e levá-lo a crer no Filho de Deus. Desta forma, pessoas vêm ao nosso encontro durante a dor; temos sonhos interessantes; quando abrimos a Bíblia, lá está uma passagem que parece nosso diário. Se vamos aos cultos, a pregação revela pontos de nossa vida particular. Os hinos falam de nosso drama e nos confortam, e até a mídia dá ênfase ao assunto que nos incomoda. Parece que o mundo parou de girar e fixou sua atenção no problema que atravessamos. Mas não é nada disso. Ocorre que você está vivendo sob os olhos do Espírito, e Ele trabalha arduamente para que sua fé seja edificada e você atinja o grau de confiança necessário à operação do milagre.

Assim, graças ao esforço do Consolador, um dia Deus muda o quadro de sua vida. Agora, feliz com a vitória, você corre a um templo para agradecer a Deus. Em seus lábios só há um nome: Jesus! Você sobe ao púlpito e anuncia a todos com entusiasmo: "Irmãos, estou aqui para testificar uma grande bênção que recebi de Jesus. Eu estava com uma enfermidade mortal, e Ele me curou. Acabei de voltar dos médicos. Vejam meus exames! Não tenho mais nada!" Interrompendo esse depoimento, indagará o dirigente do culto: "Quem fez isso, irmãos?" Responderá a audiência em coro: "Jesus! Jesus!"

Você não pode ver, mas há alguém ali mais alegre que você. É o Espírito Santo. Cada vez que se atribui a Jesus um milagre, Ele fica em estado de graça: "Oh! Que maravilha!", diz. "Eles estão glorificando o nome de Jesus."

Então, vem sobre o povo um gozo celestial. É o Espírito que busca mais adoração ao Filho por seu grande feito no Calvário. É por isso que milagres acontecem durante a adoração.

A Bíblia diz que Jesus é o autor e consumador de nossa fé. Tudo provém de Deus. A fé não é um assunto humano. Acima de tudo, o Senhor deseja que creiamos nEle, e foi por essa causa que nos enviou o seu Espírito.

Se você imaginava que estava só e, por esse estado, tinha a fé como algo difícil de alcançar, saiba que o Espírito Santo está contigo agora. Ele veio para afastar de vez todos os teus temores. Os mistérios de Deus Ele quer te revelar. Conforme diz a Palavra, assim como só o espírito do homem entende as coisas do homem, é o Espírito de Deus quem conhece as coisas de Deus. O Espírito Santo penetra as profundezas do pensamento do Todo-Poderoso. Por essa razão, só Ele pode nos levar a experimentar a ação sobrenatural do Reino celeste.

O milagre que você busca não deve ser encarado como um troféu pessoal. Saiba que Deus é a pessoa mais interessada nele. É por isso que eu disse antes que até nossas tribulações são vistas como excelente meio de glorificação a Deus.

Enquanto você acha que tudo está perdido, o Senhor espera que você o busque, e o Espírito Santo converterá dor em alegria. Quando esse dia chegar, os céus romperão mais uma vez em festa. E, desta vez, o regozijo será porque o Espírito está cumprindo seu papel, que é de nos fazer crer na pessoa de Jesus. Ele é o despenseiro desta última fase do trabalho divino.

Costumo comparar o Espírito Santo a uma criança doce e meiga. Ele é extremamente sensível e, apesar do muito que faz, nunca chama glória para si, vivendo sempre em função do Filho. Mas é dEle que provém tudo que desfrutamos hoje de Deus.

Se você vive em comunhão com o Espírito Santo, não há limites para sua fé. Ore. Fale com Ele. Diga-lhe: "Ó, doce Espírito, eu quero crer de toda a minha alma na pessoa do Salvador. Faça nascer em mim a mais segura fé no poder de Deus". E prepare-se, porque Ele começará a instruí-lo sobre as grandezas celestiais.

Acho que, próximo ao final deste livro, você já deve concluir que a fé é um assunto de ordem espiritual. Nada se explica neste mundo. E ninguém melhor que o Espírito de Deus para nos ensinar o caminho de seu Reino.

Veja que os milagres sempre estão envoltos num clima espiritual. As coisas de Deus não acontecem de modo corriqueiro. Sempre que o Senhor opera, ficam rastros de sua presença.

Jesaias, um amigo meu que sofreu de polineurite durante a adolescência, bem vivenciou isso. Enquanto os médicos amedrontavam a família com a possibilidade de a doença comprometer órgãos vitais, como os rins, o Espírito Santo começou a trabalhar. De uma hora para outra, de todos os cantos, pessoas desconhecidas começaram a visitá-lo, dizendo-se enviadas pelo Senhor a orar.

Numa dessas orações, uma serva de Deus teve uma visão, onde contemplava o enfermo com o corpo cheio de objetos pontiagudos. Finda a oração, quando ainda nem havia diagnóstico, a mulher declarou que o problema era nos nervos. Tratava-se de uma doença que veio para matar, porém o Senhor não permitiria isso. O jovem passaria pelas mãos dos médicos, mas Ele haveria de curá-lo. E aconteceu exatamente assim.

No meu caso, os médicos procuravam ansiosamente pela doença que causava a anemia. Poderia ser lúpus, esclerose múltipla, leucemia ou outro tipo de câncer. Minha vida era esperar resultados desses exames. Isso mexia comigo, deixando-me demais apreensivo.

Curiosamente, no dia em que sairia algum resultado, alguém vinha até mim para falar-me de fé. Foi preciso isso acontecer muitas vezes para que eu notasse o cuidado do Senhor. Daí para a frente, eu já sabia: dia de resultado era dia de alguma visita diferente. Então eu não precisava ficar aguardando o exame.

Não é à toa que coisas imprevistas começarão a acontecer em sua vida. Se você abrir o coração para acreditar verdadeiramente em Deus, o Reino do Senhor começará a se mover a seu favor.

O caminho da fé é povoado de surpresas. Antes que o milagre venha a concretizar-se, você terá muitas experiências com Deus. "Coincidências" serão freqüentes. Não vacile. O Espírito do Senhor está trabalhando por você. Ele quer levá-lo a um grau de fé suficiente à operação de milagres.

Você pode fazer provas acerca do milagre que procura. Lembro-me que durante a enfermidade, antes que Deus me falasse diretamente sobre a minha cura, fiz uma consulta séria ao Senhor. Queria que Ele me dissesse com clareza se eu iria ficar são. E o meio que escolhi para isso foi que uma pessoa me ligasse do Rio de Janeiro, lugar que ainda não havia visitado e onde não conhecia ninguém.

O dia foi passando, e com ele minha certeza de que não seria curado. Eu estava demais habituado a ouvir a voz de Deus desse modo e sabia que o silêncio significaria a morte.

Porém, próximo das 23 horas, o telefone tocou. Do outro lado, uma voz familiar: "Oi, tio! Estou ligando do Rio de Janeiro. Estou aqui a quase um mês, mas não tive tempo de ligar. Porém, hoje, disse que não dormiria sem telefonar para o senhor".

Graças a Deus! Era a resposta.

Nada vem por acaso quando estamos buscando a Deus. O livro que está em suas mãos faz parte desse propósito divino. O Senhor sabe por que você o está lendo. Somente abra o coração e permita que o Consolador o guie pelos mistérios de Deus.

Capítulo 14

Dê um prazo

É certo que a fé pode produzir resultados imediatos. Ninguém duvida que Deus é capaz de resolver nossas questões sem demora. Mas, como temos visto, apesar de sua origem divina, a fé atravessa necessariamente o coração humano. E aí, pela nossa pressa, tudo pode ser arruinado.

Sem dúvida, o nosso imediatismo é uma das principais razões do fracasso da fé. Temos a tendência de achar que só haverá milagre se este ocorrer de imediato, segundo nossas expectativas.

Além de considerar que Deus age debaixo de propósitos, reservando tempo específico para nos abençoar, existem milagres que se processam de modo gradativo. Há ocasiões em que a cura, por exemplo, acontece cabalmente num instante, enquanto outros doentes levarão anos sarando aos poucos. Quero aqui, mais uma vez, partilhar com você uma forma especial de crer: dando um prazo ao milagre.

Muitas vezes, nossa fé não é suficiente para vermos Deus operar de imediato. Nessas horas, muito melhor que abandonar definitivamente a idéia, podemos projetar nossa crença no tempo e fixarmos uma época em que acreditamos que o Senhor irá nos abençoar.

Uma vez tendo estabelecida a ocasião em que o milagre chegará, você pode viver a fé como um projeto de vida. De certa forma, haverá mais tempo à preparação da bênção que você aguarda, o que evitará que você desista de esperar em Deus.

Hoje, alguém que esteja desempregado e que não veja uma porta se abrir pela primeira oração, deve persistir em sua fé. Nesse tempo, além de levar uma vida diante de Deus, essa pessoa deve preparar-se em todos os sentidos, tendo por certa a bênção do Senhor. Nesse ideal de vida, Deus irá tratando todas as situações e, provavelmente, antes da data marcada, o Senhor honrará a fé. Pessoas com esse tipo de necessidade precisam lembrar que Deus age através das circunstâncias. Como Jesus disse que a todo que bate a porta se abrirá, é vivendo a expectativa do milagre e se esforçando por ele que a vida financeira será abençoada.

No emprego humilde que eu tinha na Sucam, sabia que não passaria de um guarda de malária. Ganhando um pouco mais de um salário mínimo, tudo que podia oferecer à minha família era uma casa pobre de apenas dois cômodos na periferia da cidade.

Para completar, eu trabalhava num município vizinho, onde precisava de uma bicicleta. Sem contar com um meio apropriado, a única forma que tinha de transportá-la era ir e vir pedalando cerca de cinqüenta quilômetros semanalmente.

Ainda era noite. Depois de atravessar Macapá, eu pegava a estrada do Porto de Santana e seguia meu destino por uma rodovia escura, cheia de buracos, o que me fazia de vez em quando perder o equilíbrio. Quando o sol surgia no horizonte, eu já estava em meu posto de serviço.

Foi vivendo essa realidade que o Senhor me fez ver que era possível mudar tudo isso. Eu, que ainda não completara o Ensino Médio, poderia estudar numa faculdade e depois ter um salário digno. Mas é claro que esse milagre não aconteceria de uma hora para a outra. Da mesma forma como José profetizou o milagre do êxodo que aconteceria muitos séculos depois, entendi que, se cresse, minha vitória também chegaria.

E assim aconteceu. Vivendo um verdadeiro projeto de fé, pude ver Deus guiar meus passos. Em poucos meses, saí de Macapá para cursar Geografia na Universidade Federal do Pará. Dois anos depois, ingressei também no curso de Direito. Ao cabo de nove anos de estudo, eu estava formado em duas faculdades e já ingressara num bom emprego. Foram tantas as boas oportunidades de trabalho que precisei abrir mão de algumas delas.

No campo do milagre físico, minha casa sempre experimentou a bênção de nunca deixar de crer em Deus. Algumas vezes, a oração não produzia uma resposta instantânea, mas, em vez de acharmos que não haveria solução, nós apenas adiávamos o milagre para o dia seguinte. Aprendi que, se depois de horas de oração você não conseguir um testemunho de cura de seu filho, é melhor abençoá-lo com a promessa de que ele se levantará sadio amanhã.

Há alguns anos, surgiu em meu rosto um pequeno caroço. Não me incomodei, mas aquele corpo estranho, além de inflamar constantemente, cresceu a ponto de atrapalhar minha vista esquerda. Assim vivi muito tempo.

Certo dia, uma irmã da igreja conseguiu me deixar bastante impressionado. Ela relatou tantos casos graves semelhantes ao meu que decidi procurar um médico com urgência. Como era sábado, eu precisaria esperar a próxima semana.

Porém, junto de meu leito, enquanto eu agradecia pelo dia findo, o Espírito Santo me lembrou que desde aquele sinal eu havia decidido não procurar médico. Eu fizera um voto de viver uma operação de Deus. Sacudido por essa lembrança, refiz o compromisso de fé, e entendi que o milagre deveria acontecer durante os próximos sete dias.

E a semana passou rapidamente.

Chegando o sábado seguinte, estava eu firme em minha esperança, certo de que Deus iria agir nesse último dia.

Por volta de doze horas, alguém bateu à porta de casa. Era uma jovem de nossa igreja. Quando me viu, foi logo perguntando:

— Irmão, que é isso no seu rosto?

— O quê? — disse eu.

— Há algo saindo de seu rosto!

Correndo para o espelho, deparei-me com o milagre. Aquele caroço havia rompido a pele e agora descia inteiro. No lugar, apenas uma leve secreção. Lavei o rosto com água da torneira e voltei para atender a moça, como se nada tivesse acontecido. A lesão cicatrizou.

Penso que quando damos um prazo, vivemos a fé de uma forma profética. Do mesmo jeito que a palavra divina pode se cumprir agora ou amanhã, guiados pelo mesmo Espírito, podemos projetar o milagre. Nesse intervalo, teremos tempo para afastar todas as dúvidas.

Assim viveu Abraão. Ele tinha em seu coração um prazo para ser abençoado, e esse tempo começaria a ser contado a partir do nascimento de seu filho. Isso era tudo que o patriarca conhecia. Quando chegou esse dia feliz, Abraão, apesar de mais fortalecido, sabia que somente vivia o começo do tempo de Deus.

Isaque foi criança, jovem e tornou-se adulto. Abraão deixou este mundo sem conhecer os filhos de Jacó. Passados quatrocentos e trinta anos, Israel saiu do Egito e ainda levou quatro décadas para conquistar Canaã. Mas diz a Bíblia que, mesmo não alcançando a promessa, os heróis da fé partiram desta vida acenando para o dia em que Deus cumpriria sua palavra e entregaria a Palestina à sua descendência.

Quando Deus nos promete alguma coisa, temos que considerar que o prazo para a bênção chegar pode coincidir com toda a nossa vida. E muitas vezes essa promessa atravessa as gerações subseqüentes. Talvez hoje não alcancemos a prosperidade plena, mas aqueles que se levantarem depois de nós hão de experimentar a bênção de Deus de forma mais completa, e serão abundantes.

A fé em Deus não pode sucumbir com o dia de hoje. Como já dissemos, o Senhor se move na eternidade, por isso, ainda que o sol se ponha sem que nos deixe o milagre, nossa esperança deve se renovar com o amanhecer. Projetar o milagre é uma excelente forma de fé.

Certo irmão que conheço, como todo mortal, provou uma época em sua vida em que seus principais inimigos eram justamente pessoas que outrora comiam à sua mesa. Algumas delas, declaradas cristãs, pegaram a imagem daquele servo de Deus e a afundaram na lama. Procurado por alguns, aquele irmão foi aconselhado a desistir da fé. Disseram-lhe que depois de tudo isso seria impossível haver restauração.

Porém, o irmão, mesmo muito abatido, resolveu não dar crédito a essa advertência. Sua palavra foi no sentido de que ele cria em um Deus que iria restaurar-lhe.

— Sim — concordou seu amigo — mas, isso levará muito tempo.

— Não importa! Eu creio que daqui a seis meses Deus me erguerá.

— Seis meses é pouco — argumentou o outro.

Então, disse o irmão:

— Meu amigo, creio que Deus vai me abençoar. E sei que isso pode demorar seis meses, um ano ou uma década. Mas eu te digo que continuo crendo mesmo assim. Eu contemplo a vitória daqui a dez, vinte ou cinqüenta anos. E tem mais: se Deus reservou o último dia de minha vida para me abençoar, continuo querendo a bênção da mesma forma. A vitória está lá: no último dia de minha vida! Ela é minha e eu creio nela.

Talvez, de alguma forma, os homens tenham limitado sua vida. Pode ser que um médico acuse um prognóstico sombrio para você ou alguém de sua família, ou um advogado julgue perdida uma importante causa na justiça.

Há situações em que o fracasso parece-nos só uma questão de tempo. Ouvimos as pessoas dizerem: "Daqui a um mês, estarei desempregado", "Do jeito que vai, no máximo, em um ano minha empresa entrará em falência", "Os médicos só me deram dois meses de vida". Ora, se o tempo pode ser contado para a derrota, por que não inverter essa ordem?

Quem decidiu crer em Deus acima de todas as coisas, não pode sair fazendo esse tipo de conta pessimista. Pelo contrário, se ainda dizem que seu parente tem um mês de vida, ótimo! Você tem um bom tempo a seu favor, tempo que deve ser usado com sabedoria diante de Deus. Além disso, se simples homens ousam afirmar que alguém, gravemente doente, viverá *trinta* dias, maior poder tem Deus para declarar a vida.

A Bíblia nos aconselha remir o tempo, ou seja, esquadrinhá-lo bem, de modo que vivamos com sabedoria neste mundo. Se o milagre não acontecer hoje diante de nossos olhos, o amanhã não está descartado. Deus não vê diferenças. As Escrituras dizem que para Ele a noite brilha como o dia.

Não desista porque o milagre está aparentemente demorando. Você tem fé. E a melhor forma de provar isso é sabendo esperar. A Bíblia diz que a fé é a certeza das coisas que se esperam.

Quando Jesus se dirigiu à figueira estéril, creio que, na qualidade de Filho de Deus, não houve qualquer problema relacionado com a fé. Porém, todos sabemos que a árvore sequer murchou. Somente no dia seguinte, quando o Senhor retornava de sua jornada, pôde-se notar a força da palavra liberada. Agora, a árvore estava completamente ressequida.

Embora a Bíblia não afirme isso, podemos imaginar que, na presciência de Jesus, havia um prazo para o fenômeno acontecer. E esse prazo deveria coincidir com o regresso dos discípulos.

O Senhor te convida a crer nEle hoje e esperar o milagre a qualquer tempo. Se acontecer agora, amém! É chegado o tempo de Deus para sua vida. Mas se nada aparentemente mudar, o mesmo Deus deseja que você permaneça firme e, em vez de abandonar a fé, dê um prazo à realização do milagre. Porém, esteja certo, quando a bênção chegar, virá no tempo próprio.

Capítulo 15

Uma nuvem de testemunhas

Depois de termos trilhado juntos estes caminhos da fé, aproxima-se a hora em que nos despediremos e você seguirá sua trajetória à luz das verdades que descobrimos. É de se esperar que você haja repensado muita coisa sobre o seu papel de crente em Jesus Cristo. E avance com novos ideais.

Mas é também possível que você ainda ache difícil exercer uma fé produtiva. Quem sabe, imagina que atos grandiosos nesse campo estão reservados a algumas pessoas, e até, por engano, me inclua nesse rol privilegiado.

Porém, quero lhe dizer que todas as promessas bíblicas relacionadas ao cristianismo dizem respeito, de forma exclusiva, a todos quantos têm Jesus Cristo como Senhor de suas vidas. Portanto, você é o destinatário das bênçãos que o Salvador conquistou com seu precioso sangue.

Se você abrir a Bíblia em Hebreus 11, lá encontrará alistados vários homens e mulheres que, através da fé, provaram a operação sobrenatural de Deus. Desde Abel, passando por Abraão, Moisés, Raabe, Noé e outros, foram muitos desses homens e tantos outros anônimos, cujas vidas são exemplos vivos do que a verdadeira fé pode produzir.

Terminando esse capítulo, o posterior inicia de forma conclusiva, advertindo-nos de que nós, agora, estamos rodeados de uma grande nuvem de testemunhas celestiais, a quem devemos imitar.

Que cena extraordinária! Quando você pensava estar sozinho e, talvez, por isso julgasse muito difícil seguir o caminho da fé, a Bíblia coloca você frente a frente com dezenas de pessoas que tiveram a experiência de viver sob a dependência de Deus. Pessoas de todas as classes e posições sociais. Pessoas de várias épocas que venceram a fome, a espada, o orgulho, a injustiça e tantos outros elementos perturbadores da verdadeira fé.

Como testemunhas de Deus, a vida desses homens estão colocadas diante de nós como um referencial de que é possível vencer também no presente século.

Se você se sentia fraco para resistir às afrontas do inferno e, quem sabe, por ser o único cristão na família, já ensaiava arriar a cruz, a Bíblia lhe apresenta Moisés como testemunha. Ele se levanta agora diante de você para testificar que nem todo o poder e influência do mundo são capazes de resistir àquele que se dispõe a viver uma vida consagrada a Deus. Moisés pode testificar que, por amor a você, o Senhor está disposto a confundir os homens, se houver em seu coração o sentimento verdadeiro de servi-lo.

Confiando no Senhor, você vencerá todos os desafios. Ainda que um exército tente lhe destruir, Deus fará o mar abrir na hora certa. Você pisará o abismo intransponível e caminhará a pés enxutos sobre o que parecia um oceano.

Pela fé, você verá ruir diante de seus olhos todas as fortalezas que o Inimigo ergueu. Quem testifica assim é Josué, homem que sucedeu a Moisés na direção do povo judeu e cuja coragem serve de espelho a todos nós.

Josué quer lhe ensinar que a força verdadeira está em Deus. Assim, da mesma forma como, sob seu comando, vieram abaixo os intransponíveis muros de Jericó, valendo-se de uma fé genuína e sincera, o Senhor dos Exércitos fará cair até a última fortaleza de Satanás e colocará perante seus olhos a bênção que tem prometido a sua vida. Josué testifica que, embora seus inimigos sejam como gigantes, através da fé você pode herdar as promessas de Deus.

Não há como recuar! A seu redor existe um exército de testemunhas. Cada um desses homens e mulheres está de pé agora para testificar que é possível sair vitorioso através da fé. Eles estão lhe dizendo que é preciso ser perseverante e saber confiar no Senhor.

Talvez hoje ainda haja pecados graves em sua vida. É possível que você tenha perdido a estima até de seus parentes. Mas, se você souber ouvir os conselhos de Deus, o Senhor mudará esse quadro e através de sua vida muitos serão salvos. Quem diz isso é Raabe, uma mulher prostituta que, por acreditar no plano de Deus, salvou a si, os filhos da promessa e ainda entrou para a linhagem do Messias.

No caso de Elias, como vimos, a Bíblia faz questão de dizer que era homem semelhante a nós, sujeito às mesmas paixões que ainda hoje tanto nos incomodam. Mas o depoimento é que, mesmo sendo às vezes melancólico e depressivo, e até com desejos de morte, é possível a qualquer um de nós experimentarmos grandes prodígios da parte de Deus.

Se você ousar crer no Senhor como DEUS, nada lhe será impossível. Até mesmo as leis da natureza poderão ser alteradas quando você orar com fé. O Senhor fará cessar a chuva e responderá prontamente seus desafios aos falsos deuses deste mundo. O mundo verá a diferença entre o que serve a Deus e o que não serve.

O último a se levantar neste livro é José. Ele se põe de pé para testificar que nem a inveja, nem a injustiça, nem o pecado haverão de derrotá-lo.

Sua voz nas Escrituras testifica que, ainda que você seja maltratado dentro de sua própria casa, o Senhor vai conduzi-lo de triunfo em triunfo. Amanhã — diz o patriarca — Deus fará a diferença em sua vida e, de alguém desprezado e sem rumo, Ele suscitará um príncipe. Pela fé, haverá prosperidade, honra e perdão.

Não há outra escolha. Depois de examinar a Palavra e conhecer tanta coisa sobre fé, só lhe resta tomar posição. O Senhor o convida a ver este mundo pelos olhos de seu Reino espiritual. Ele deseja revelar-lhe as grandezas de seu poder, e faz isso porque tem um grande amor por sua vida e deseja vê-lo inscrito na galeria dos heróis da fé.

Agora, você pode seguir!